인생의 폭풍우에 감사하세요.
진정한 친구가 누구인지 알 수 있습니다.

이 책의 제목이 된 문자를 보내준 친구에게,
하나님께서 제 삶을 변화시키기 위해
당신을 사용하게 해주셔서 감사합니다.

추천의 글

우리는 언제나 사람들과 함께 주님의 일을 해나가야 하지만, 인생의 결정적인 순간, 오직 주님과 나와 단독자로서 만나야 할 때도 있습니다. 문제는 이때 우리 마음에서 가장 큰 싸움이 벌어진다는 것입니다. 가장 많은 영적인 에너지를 소진해야 할 때이기도 합니다. 이 책은 영적 전쟁의 한복판에서 가장 현명한 판단, 가장 후회 없는 선택을 할 수 있는 원리를 소개합니다. 바로 주님과 나 사이에 그 무엇도 개입하지 않도록 마음을 지키는 것입니다. 성도들이 사랑하는 시편 23편의 아름다운 진리가 영적 전쟁에서 어떻게 우리를 도울 수 있는지 탁월한 인사이트를 보여주고 있는 귀한 책입니다.

오정현 사랑의교회 담임목사

신앙생활을 하다 보면, 분주하게 살다가도 언뜻 진실의 순간을 만납니다. 마치 엘리사가 기도하여 우리 눈에 보이지 않는 하나님의 실재를 보게 해달라고 했을 때, 하인의 눈이 열렸던 순간처럼 말입니다. 이 책은 성도들이 최우선적으로 직면해야 하는 진실이 무엇인지 보여줍니다. 주님과 함께하는 마음의 좌소를 호시탐탐 노리는 원수의 전략을 밝히 보여주고 견고히 중심을 지키도록 도와줍니다.

인생에 더 이상의 탈출구가 없어 보여 막막할 때, 내 곁에 아무도 없는 것 같은 절대적인 고독을 느낄 때, 중요한 결정을 앞두고 확신이 들지 않을 때… 우리와 함께 식탁에 앉으시며 격려하시는 주님의 음성을 들려주는 책으로 일독을 권합니다. 마음 가득한 위로를 얻게 될 것입니다.

오정호 새로남교회 담임목사, 대한예수교장로회 총회장

《원수에게 자리를 내주지 말라》는 시편 23편의 말씀을 기반으로 하여 영적 전쟁에서 승리하는 법을 가르쳐주는 탁월한 책이다. 모든 생각을 사로잡아 그리스도에 복종시키는 영성 훈련의 정수를 소개한다. 구원에서 성화 그리고 영화에 이르는 복음적 교리의 정수를 함께 담고 있다. 저자는 영적 전쟁의 실상을 직시하도록 도전하면서도 우리 시선을 목자 되신 예수님께 맞추도록 돕는다.

인간의 마음은 하나님의 활동 무대이면서 또한 마귀가 노리는 곳이기도 하다. 그래서 우리는 마음의 생각을 잘 선택하고 다스려야 한다. 저자는 거짓말로 우리를 유혹하는 마귀의 생각을 하나님의 진리의 말씀으로 물리치는 방법을 섬세하게 가르쳐준다.

이 책을 영적 전쟁을 가르치는 사역자들, 그리스도의 제자들에게 추천하고 싶다. 성령님 안에서 말씀을 통해 예수님을 닮은 제자가 되기를 원하는 모든 그리스도인에게 권하고 싶다.

강준민 L.A. 새생명비전교회 담임목사

루이 기글리오는 우리 시대를 위한 예언자적 선물이다. 그가 시편 23편을 다룬 이 책에서, 우리는 마음과 생각의 흐름을 하나님 나라의 삶에 맞추라는 분명한 부름을 듣게 된다. 매일 아침 시편 23편을 기도하며 하루를 시작하는 내게, 이 책은 깊은 울림을 주었다.

존 마크 코머 브리지타운 교회 설립 목사, 《슬로우 영성》 저자

오늘날 기독교계에서 영적인 삶의 실재를 이처럼 예리하게 말해줄 수 있는 사람은 흔치 않다. 이 책은 그저 우리에게 마음의 영감을 주는 데서 그치지 않는다. 이 책을 정독할 때, 우리는 어둠의 세력과의 싸움을 든든히 준비할 힘을 얻는다.

존 린들 제임스 리버 교회의 담임 목사, 《해방된 영혼》 저자

온 세상을 변화시킬 성경의 중대한 메시지가 담겨 있다.

얼 매클렐런 쇼어라인 시티 교회 목사

우리 마음의 연회에는 두 자리가 있다. 자기 자신과 예수님을 위한 자리가 그것이다. 마귀가 우리 생각과 삶에서 그 위치를 차지하도록 허용할 때, 우리는 원래의 목적지에서 탈선하게 된다. 이 책에서, 루이는 원수에게 "네 자리는 없다"라고 선언하는 방법을 알려준다. 그대로 행할 때, 자신의 삶이 달라지는 모습을 보게 될 것이다.

레비 루스코, 제니 루스코 프레시 라이프 교회 담임목사

루이는 예수님 안에서 승리하기를 원하는 우리의 지친 마음에 참 자유를 전하며, 깊은 소망을 담아 글을 쓴다. 이 보물 같은 책을 몇 번이고 거듭 읽어보라. 그들의 삶이 조금씩 변화되는 모습을 어서 보고 싶다!

리사 터커스트 뉴욕 타임즈 베스트셀러 작가, 〈잠언 31장 미니스트리〉 설립자

자기 패배적인 생각을 끝없이 반복한다는 것이 어떤 느낌인지 우리는 안다. 그 흐름을 끊어내지 못하면 우리는 깊은 좌절감에 시달린다. 이 현명하고 실용적인 책은 그 부정적인 생각의 폭정에서 벗어나서 기쁨을 되찾는 데 꼭 필요한 지침을 제공한다.

이언 모건 크론 《나에게로 가는 길》 저자

우리 삶에서 이루어지는 전쟁의 중심부에는 마음의 전투가 자리 잡고 있다. 이 책에서 저자는 마음의 전쟁터에서 하나님의 영광을 위해 분투할 때 필요한 진리들을 쉽고 깊이 있게 전한다. 치열한 영적인 싸움에 복음의 탄약을 제공하는 이 책에 깊이 감사한다.

KB 아티스트

지금 부정적인 생각과 씨름하고 있다면, 루이 기글리오의 《원수에게 자리를 내주지 말라》를 읽어보라. 우리 마음에 참 자유를 가져다주는 성경 진리들을 발견하고 하나님의 의도대로 살아가게 될 것이다.

크레이그 그로쉘 뉴욕 타임즈 선정 베스트셀러 작가

원수가 분노나 외로움, 불안한 마음 또는 수치심 등 어떤 수단을 써서 우리를 공격해왔을지라도, 이제 그를 마음속에서 내쫓고 식탁의 온전한 자리를 되찾을 때가 되었다.

스티븐 퍼틱 뉴욕 타임즈 선정 베스트셀러 작가

이 멋진 책은 그리스도 안에 있는 은혜의 자원들에 의지해 마음에 평화와 안식을 되찾는 법을 보여준다.

크로포드 W. 로리츠 박사 펠로우십 바이블 교회 담임목사

우리 생각을 하나님의 진리에 맞추게끔 도와줄 여러 실제적인 조언들이 담겨 있다. 이를 통해 당신은 하나님이 주신 삶의 목적을 기쁨과 열심으로 성취하게 될 것이다.

크리스틴 케인 베스트셀러 작가, 〈A21과 프로펠 위민〉 설립자

이 책의 풍성한 진리와 권면들을 살필 때, 우리는 원수가 빼앗은 마음의 영역들을 되찾고 예수님이 친히 죽으심으로 가져다주신 평안과 자유, 승리를 누릴 수 있을 것이다.

코디 칸즈와 캐리 조브 칸즈 그래미상 후보, 워십 아티스트

원수에게 자리를 내주지 말라

내 인생의 지혜로운 결심

원수에게 자리를 내주지 말라

루이 기글리오 지음 | 송동민 옮김

국제제자훈련원

© 2023 by Louie Giglio
Originally published in English as *Don't Give the Enemy a Seat at Your Table* by Zondervan,
3900 Sparks Dr. SE, Grand Rapids, Michigan 49546, USA.
Published by arrangement with HarperCollins Christian Publishing, Inc.
through rMaeng2, Seoul, Republic of Korea.
This Korean translation edition © 2023 by SarangPlus, Inc.,
Seoul, Republic of Korea.
All rights reserved.

이 한국어판의 저작권은 알맹2를 통하여 HarperCollins Christian Publishing, Inc.와
독점 계약한 (사)사랑플러스에 있습니다.
신저작권법에 의하여 한국 내에서 보호받는 저작물이므로
무단 전재와 무단 복제를 금합니다.

차례

추천의 글　2

1　내 삶을 완전히 바꿔놓을 다섯 단어　12
2　원수들 한가운데서 차린 식탁　26
3　잠시 앉아도 될까요?　54
4　치명적인 거짓말을 간파하다　66
5　죄의 나선 구조　90
6　출구 표지판을 무시하지 말라　116
7　예수 이름의 권세 사용하기　142
8　은혜의 문이 열리기 시작할 때　168
9　하나님을 깊이 알아가라는 부르심　192
10　주님이 친히 잔치가 되신다　214

감사의 글　228

1

내 삶을 완전히 바꿔놓을 다섯 단어

나는 공격받는다고 느꼈다. 부당한 취급도 당했다. 버림받았다. 상처였다.

셀리와 나는 거대한 폭풍 속에 있었다. 리더가 된 후 겪는 가장 힘든 시기 중 하나였다. 사방에서 비난의 화살이 날아들었다. 마음이 심히 무겁고 혼란스러웠다.

몇 년 전 우리가 지역교회를 개척하기로 결심했을 때, 한 친구는 우리가 이제 막 걸어갈 여정에 관해 냉정하게 조언했다. "자네가 이제껏 했던 일 중에 가장 힘든 일이 될걸세."

당시 나는 그 말을 대수롭지 않게 넘겼다. 이런 생각이었다. '우리는 지금까지도 상당히 힘든 일들을 꽤 잘 감당해왔어.' 하지만 이제 그 말이 내 귓가를 계속 맴돈다. 그가 옳았다. 대부분 서로 잘 알지 못하는 이들을 데려다놓고 '지역교회'라는 하나님 나라의 가족을 세워가는 과정에서 나는 이전 생각이 얼마나 대책 없는 낙관주의였는지를 깊이 깨달았다(심지어 나는 우리가 다른 교회들처럼 갈등 따윈 겪을 일 없다고 굳게 믿었다). 이제 50살이 되었지만, 나는 여전히 인생의 한계를 시험하는 여러 도전 앞에서 두려워하고 있었다.

당시 교회 안의 갈등은 생생하고 격렬했다. 심한 쓰라림과 좌절이 내 영혼 깊숙이 파고들어 교두보를 확보하고자 했다. 이렇게 과하게 신경 쓰며 감당할 정도의 가치가 있는지 고민하면서, 어디론가 훌쩍 떠나고 싶다는 생각을 자주 했다.

그렇게 격동의 시기를 보낸 지 몇 달이 지난 어느 날 저녁, 나는 우리 집 앞 도로에서 한 신실한 벗에게 정신없이 문자를 보내고 있었다. 그날 오후에 그간의 내 입장이 옳았음을 입증하는 듯한 어떤 소식을 접했기 때문이었다.

내가 항상 믿고 음미하는 명언이 있었다. '네 입장을 애써 감싸고돌 필요 없어. 시간이 지나면 다 드러나거든.' 이날의 일은 마치 내가 옳았음을 만천하에 보여주는 듯했기에, 가만히 앉아 있을 수만은 없었다. 그 소식을 어서 다른 이들에게도 전하고 싶었다. 그래서 나는 그 과정에서 내 편이 되어주었던 그 친구에게 연락했다. 종종 따뜻한 격려와 응원을 보내준 그였다.

내가 보낸 문자는 실로 장황했으며, 그 속에는 불안한 태도로 자신을 옹호하는 말들이 가득 담겨 있었다. 어조는 대략 이러했다. "믿기 어렵겠지만, 오늘 이런 일이 있었다네. 물론 내가 다 옳았다는 건 아니야. 하지만 실제 벌어진 일을 보라고! 자네도 이게 다 믿어지나? 시간을 두고 지켜볼 때, 결국 사람들의 본색이 드러나기 마련이지. 안 그런가? 마침내 그런 순간이 왔다네….”

나는 전송 버튼을 눌렀다. 그리고 스마트폰 화면을 응시하면서, 그에 상응하는 격려의 말이 도착하길 기다렸다. 나는 그가 진심을 가득 담아 이렇게 답해주기를 바랐다. "이봐, 루이. 난 늘 자네 편이야! 자네가 옳다는 걸 늘 알고 있었지!” 당시 나는 누군가의 어깨에 기대어 마냥 울고 싶었다. 내 벗들과 기쁨에 찬 하이파이브를 나누거나, 주먹을 맞대고 싶었다(이모티콘으로는 성에 차지 않았다). 내게는 생생한 응원 메시지가 필요했다. 그것도 많이.

몇 초가 흘렀고, 또 얼마간의 시간이 지났다. 나는 계속 기다렸다.

이제 잠시 당신의 이야기로 초점을 돌려보자.

당신은 이런 문자를 보낸 적이 있는가?

나처럼 교회를 개척해야만 힘든 상황에 놓이는 것은 물론 아니다. 누구나 마음이 무겁고 다른 이들의 공격을 받는 듯 느껴지는 긴장된 순간을 경험한다. 가끔은 온 힘을 다해 맞서지만, 모든 것을 내려놓고 싶을 때도 있다. 그때 당신은 어떤 쪽을 택하는가?

이런 내면의 싸움을 만나면 어떻게 극복하는가?

모든 상황을 변화시킨 한 통의 문자 메시지

우리는 때로 갈등과 혼란이 극심한 상황 속에 놓인다. 그런 경우에도 생각을 잘 정리하면 방향을 찾아낼 수 있다. 하지만 그럴 정도로 맑은 정신을 유지하기란 생각보다 어렵다.

당신은 누군가의 그릇된 행동이나 상처 주는 말에 시달릴 수 있다. 아니면 내적 갈등이 문제의 원인일 때도 있다. 버림받았거나 부당하게 공격당한다고 느낀다. 마음의 상처와 패배감에 짓눌리며, 유혹을 받거나 상실감도 실쩍 기든다. 그리하여 침체와 스트레스에 시달린다. 머릿속에서는 마음을 상하게 한 친구나 동료, 가족 또는 고발자들과 내적인 대화를 끊임없이 이어간다. 그 대화 속에서 자기가 옳음을 입증하며 그들의 허물을 드러내려고 애쓰다 끝내 지치고 만다.

이럴 때는 두려움과 절망이 찾아오기 쉽다. 누군가 나를 노리는 것은 아닌지 의심하며 계속 등 뒤를 돌아보게 된다. 감정 조절에 실패해 갑작스러운 분노에 휩싸이거나 왈칵 눈물이 쏟아지기도 한다. 어두운 생각들에 굴복해 빠져들어 가는 일도 심심치 않게 일어난다. 새벽 두 시에 천장을 멍하니 응시하면서, 내 앞에 펼쳐지는 상황을 통제할 길을 찾아내려고 안간힘을 쓰고 있다면 더욱 그렇다. 이때 막다른 골목에 몰린 듯이 느끼며, 피해망상까지 겹쳐 따라다니기 시작한다. 당신은 몹시 방어적으로 변한다.

그럴 때 당신은 지원군을 찾아 나선다. 자기 입장을 십분 공감해줄 누군가를 찾는 것이다. 그리고 자기 이야기를 듣고 위로해줄 이들에게 자연히 마음이 쏠리게 마련이다. 그날 집 앞에서 벗에게 문자를 보냈을 때 나 역시 그런 심정이었다. 당시 나는 답장이 왔음을 나타내는 폰 화면의 작은 원 표시에 온 신경을 집중하고 있었다.

나는 그 메시지에 들인 노력에 상응하는 답장을 받고 싶었다. 친구가 많은 말로 나를 응원하고 지지하면서 활기차게 격려해주기를 바랐다.

마침내 답장이 왔다. 그것은 한 문장으로 된 메시지였다. 정확히 말하자면, 다섯 단어였다. "이런, 지금 농담하나!" 당황한 나는 무심코 이런 말을 내뱉었다. 하지만 다시 고개를 숙이고 친구의 메시지를 곱씹어보았을 때, 그 다섯 단어는 내 삶을 바꿔놓았다. 그 메시지는 이러했다.

자네의 식탁에 원수를 앉히지 말게.

Don't give the Enemy a seat at your table.

나는 짜증을 가라앉히고 그 메시지를 차분히 숙고했다. 곧 그 친구의 말이 옳음을 깨달았다. 그때까지 나는 원수 마귀가 마음속 대화에 끼어들도록 내버려두고 있었다.

당시 내가 겪은 투쟁은 사람들과의 싸움이 아니었다. 물론 사람들이 개입한 것은 맞지만, 그 주된 상대는 어둠의 능력과 권세들이었다 엡 6:12. 나의 하늘 아버지는 내게 두려움이나 피해망상을 주지 않으셨다. 나의 목자는 마음속에 절망을 불어넣지도 않으셨다. 그렇다면 이 해로운 생각들은 다른 어떤 존재에게서 오는 것이 틀림없었다.

정신차리고 보니 원수가 이미 식탁에 자리를 잡고 앉았고, 나는 내 영혼을 죽이려는 그의 말을 마냥 듣고 있었다! 그때 집 앞 도로에서, 나는 그 식탁을 거둬들이기로 결심했다. 마귀는 도망칠 수밖에 없었다.

며칠 동안, 나는 마음속으로 그 다섯 단어를 계속 되새겼다. 부정적인 생각들이 떠오를 때마다 이렇게 다짐했다. '원수에게 자리를 내주지 말자. 그의 말을 듣지 말자. 선하고 신실한 목자께서 주신 생각이 아니다.'

얼마 뒤, 시편 23편을 공부하게 되었다. 모든 시대마다 하나님의 백성이 인생의 험한 바다를 헤쳐나갈 때 위로와 안정감을 주었던 본문이다. 그 메시지를 받아들이자 이 본문이 완전히 새롭게 읽히기 시작했다. 특히 평소와는 달리 다음 구절이 와닿았다.

"주께서 내 원수의 목전에서 내게 상을 차려주시고" 5절.

나는 주님의 식탁에 앉아 있는 내 모습을 그려 보았다. 맞은편에는 선한 목자이신 분이 앉아 계셨다. 주님은 어두운 골짜기 가운데로 나를 인도하여 그 식탁에 오게 하셨다. 여전히 불같은 시련들이 남아 있었지만, 더 이상 두렵지 않았다. 물론 내가 주님의 식탁에 앉았다고 해서 원수들이 다 사라진 것은 아니었다. 오히려 식탁은 '원수들 한가운데'에 차려져 있었다. 그 부분이 내 상상력과 관심을 불러 일으켰다.

나는 스스로 옹호하거나 자기 결백을 입증하려고 애쓸 필요가 없었다. 상황을 통제하거나 개선하려고 밤늦게까지 노력할 필요도 없었다. 내가 할 일은 다만 이 식탁의 주인이며 선한 목자이신 주님께 마음을 쏟는 것이었다.

주님은 나를 잔잔한 물가로 이끄시며, 내 영혼을 회복시키는 분이셨다. 선한 목자이신 주님은 자신의 이름을 위해 나를 옳은 길로 인도하고 계셨다. 어두운 골짜기와 고난의 시기 역시 그 길의 일부였지만, 그분은 나와 늘 동행하시면서 두려운 밤에도 지켜주셨다. 주님은 그 은총으로 내게 기름을 부으셨고, 내 잔은 언제나 흘러넘쳤다. 나는 그분의 선하심과 인자하신 사랑이 삶의 모든 날 동안 곁에서 함께할 것이라는 주님의 약속을 받았다.

이제 내 운명은 정해졌다. 더는 두려워할 필요가 없었다. 목자이신 주님이 식탁에 함께 계셨으며, 그분의 집에 내가 영원히 거하게 될 것을 그분이 보증하셨기 때문이었다.

나는 날마다 시편 23편을 묵상하면서 영혼 깊은 곳에 그 진리를 되새겼다. 베드로전서 5장 8절을 통해, 마귀의 주요 전략이 내 삶 주변을 어슬렁거리는 것임을 이미 알고는 있었다. 마귀가 내 식탁 주위를 맴도는 일은 막을 수 없었지만, 예수님의 이름 안에서 원수가 식탁에 앉도록 허용할지 말지를 선택할 권한은 분명히 내게 있었다.

이 하나님의 말씀이 내 마음과 생각에 깊은 영향을 끼쳤으며, 참된 평안을 가져다주었다. 이제 "자네의 식탁에 원수를 앉히지 말게"라는 말은 그저 유익한 묵상의 재료 정도에 그치지 않았다. 이 다섯 단어는 내게 참된 해방을 가져다준 강력한 무기가 되었다.

하나님의 능력이 나타난 그림 언어

몇 주 뒤, 한 스포츠팀 코치들을 위한 아침 성경공부를 인도할 때였다. 당시 그 팀은 패배와 고투로 가득 찬 시즌을 보내고 있었기에, 방 안 분위기는 몹시 침울했다. 그들은 주위의 온갖 비판을 견뎌야 했으며, 자기 안에서도 상당한 의심과 갈등을 겪는 중이었다. 그들의 얼굴에 깊은 불안과 좌절이 서린 것을 보았다. 코치들은 내가 친구에게 문자를 보낸 그날 저녁과 비슷한 처지였다.

말씀을 전하는 동안, 최근에 하나님이 시편 23편을 통해 가르쳐주신 것들과 원수 앞에서 베푸신 식탁에 관해 배운 점을 중심으로 화제를 전환하라는 성령님의 감화를 느꼈다. 그래서 나는 "내가 심히 고달프니, 나에게 힘을 달라"라는 장문의 메시지를 친구에게 보낸 일과 그에게서 온 답장 내용을 소개했다.

"자네의 식탁에 원수를 앉히지 말게"라는 문구를 언급하자, 방 안 분위기가 바뀌고 많은 코치의 얼굴빛이 달라졌다. 이후 나는 몇몇 코치에게서 그 다섯 단어가 마음속에 강한 인상을 남겼다는 말을 들었다.

같은 날, 나는 예정된 전체 사역자 회의를 인도하기 위해 내가 담임하는 애틀랜타의 패션시티교회 Passion City Church로 돌아갔다. 이동 중에, 전화를 걸어 회의실 한가운데에 간단한 간식과 물컵이 놓인 식탁을 준비해달라고 부탁했다. 그날 아침 코치들과 함께 나누었던 메시지를 한층 더 확장해서 하나의 시각적인 경험으로 변형시킨 것이었다. 나는 음식이 놓인 그 식탁 앞에 앉아서 시편 23편 약속들을 전했다.

메시지는 이번에도 강한 힘을 발휘했다. 그리하여 우리는 돌아오는 주일예배 시간에 전 교인 앞에서 그 내용을 전하기로 했다. 이번에는 더 풍성한 음식이 준비되었으며, 장식도 좀 더 화려해졌다. 예배당 안의 식탁 위에는 다양한 과일과 치즈, 햄과 빵, 디저트가 차려졌다.

와우! 이 다섯 단어가 다시 한번 깊고 놀라운 결과를 가져왔다. 남편과 심하게 다투고 별거 중이던 세 아이의 어머니는 그 메시지가 자신에게 꼭 필요했다고 말해주었다. 자살 충동에 시달리던 한 대학생도 같은 반응을 보였다. 나만 인생의 고난과 씨름하는 것이 아니며, 그 메시지가 그저 나만을 위한 것이 아니었음이 더욱 분명해졌다. 내가 배운 것을 가능한 한 많은 사람과 나눠야만 했다.

이후 감사하게도 전 세계를 다니면서 이 메시지를 전할 기회를 얻었다. 이 일은 설교자인 내게 신선한 상호작용의 경험을 안겼다. 나는 연단 위에서 메시지를 시작한 다음, 청중 한가운데에 이미 준비되어 있던 식탁으로 내려와 앉았다. 그러고는 얼마 동안 말씀을 전하다가 사람들에게 음식을 건넸다. 나는 그들에게 크로와상이나 브라우니, 당근 스틱을 충분히 맛본 다음에 옆 사람에게 접시를 넘겨주라고 권면했다. 맛있어 보이는 디저트를 건넬 때면 큰 환호성이 터져 나오곤 했다.

그저 청중의 호기심을 자극하기 위한 무대 장치는 아니었다. 그 식탁은 우주의 왕이신 하나님이 지금 우리 모두를 그분의 식탁에 초대하고 계심을 생생히 보여주는 그림 언어였다. 사람들이 그 진리를 깨달을 때마다 강력한 역사가 나타났다. 다섯 단어의 문구 자체도 인상적이지만, 무엇보다 그 속에는 하나님의 능력이 명명백백하게 담겨 있었다. 문장을 통해 전달되는 이야기는 사람들을 자유하게 했으며, 삶 속에 즉시 적용되었다.

이것은 당신을 늘 돌보시며 고난의 골짜기를 함께 걸으시는 선한 목자에 관한 이야기다. 하나님은 시련을 만난 우리에게 위로와 새 힘을 더하는 은혜의 상(床)을 차려주신다. 이 메시지는 우리를 복잡하게 만드는 머릿속 생각에 휘둘릴 필요가 없다는 것을 알려준다. 이 다섯 단어는 궁극적으로 승리의 메시지다.

당신을 위해 예비된 식탁을 되찾으라

이 책을 쓴 이유가 여기 있다. 예수 그리스도 안에서, 당신의 식탁에 누구를 앉힐지를 선택할 능력이 당신 자신에게 있다는 것을 분명히 알라는 것이다. 자기 생각이 누구의 영향 아래 머물게 할지를 우리는 결정할 수 있다. 이 진리를 깨닫도록 내가 당신을 돕고 싶다. 당신은 마음의 자유를 되찾고 생각과 감정을 다스릴 수 있다. 이제는 분노나 두려움, 절망에 사로잡힐 필요가 없다. 더 이상 스트레스를 받지 않아도 된다. 여러 해로운 생각과 애써 씨름하지 않아도 된다.

당신은 전능하신 주님과의 친밀한 관계 안으로 초대받았다. 하나님이 우리 앞에 마련해두신 식탁에는 평안과 빛, 풍성한 은혜가 가득하다. 당신은 원수를 그 식탁에 앉힐 필요가 없다.

하나님은 내 스마트폰 화면에 뜬 다섯 단어를 통해, 이 책의 집필로 이어진 일련의 사건을 내 앞에 펼치셨다. 하지만 이 책의 약속은 내 벗의 문자 메시지보다 훨씬 더 위대한 것에 뿌리를 두고 있다. 곧 창조주의 메시지에 닻을 내리고 있기 때문이다. 성경에 담긴 하나님 말씀에는 생생하고 강한 능력이 있다. 그분의 말씀은 오랫동안 당신을 사로잡아왔던 불신의 요새를 무너뜨릴 수 있다. 그 말씀은 당신이 다시 명확하게 생각하게 한다. 그 말씀은 당신에게 완전히 새로운 시각을 열어줄 것이다.

이 책에서는 시편 23편을 새롭게 살펴보려 한다. 우리는 특히 5절에 초점을 맞출 것이다. "주께서 내 원수의 목전에서 내게 상을 차려주시고…." 나는 왕이신 주님과 우리를 위해 마련된 식탁에 원수가 슬그머니 끼어들 때 흔히 하는 거짓말들을 드러내려 한다. 또 그 거짓말을 물리칠 방법들을 소개하고, 힘겨운 상황과 환경 속에서도 승리와 평화, 안정을 찾도록 도울 것이다. 그리고 예수님 안에 굳게 서서 자기 생각과 두려움을 다스릴 수 있도록 실천적이고 유익한 조언들을 제시하려 한다.

마귀의 목표는 오직 당신을 무너뜨리는 데 있다. 그는 당신이 아끼는 모든 것을 빼앗고, 삶에서 쌓아올린 모든 선한 일을 없애고 싶어 한다. 궁극적으로, 마귀는 당신을 완전히 파멸시키고자 한다. 마귀가 당신의 생각을 점령한다면, 삶 전체는 그 손아귀 아래 놓이게 된다.

하지만 시편 23편은 선한 목자이신 주님이 당신을 위한 상을 차려주신다고 분명히 말한다. 그것은 둘만을 위한 식탁이며, 마귀는 거기에 초대받지 못했다. 이 책의 메시지는 여러 힘든 상황에서 폭넓게 적용할 수 있다. 그 메시지로 당신은 고난의 골짜기 한가운데를 걸으면서도 격려와 소망을 발견하고 새 힘을 얻을 것이다. 당신은 더 이상 두려움과 분노, 욕망과 불안, 근심과 절망, 유혹 또는 패배의 목소리에 귀 기울일 필요가 없다.

나는 지금도 날마다 자신에게 이 메시지를 들려준다. 나는 우리의 선한 목자께서 마음의 싸움에서 우리를 승리하게 이끄시며, 이를 통해 영광받으실 것을 확신한다. 우리는 함께 그 길로 나아가야 한다.

이제 원수가 빼앗아 간 것들을 되찾아올 때가 되었다. 자, 주님의 식탁에는 어떤 음식들이 차려져 있는지 자세히 살펴보자.

2
원수들 한가운데서 차린 식탁

우리 부부의 좋은 친구인 제이 울프와 캐서린 울프는 여러 해 전 샘포드 대학교 신입생 시절에 만나 사랑에 빠졌다. 제이는 법조인의 길을 준비 중이었고, 캐서린은 '미스 샘포드'로 뽑힐 정도로 똑똑하고 아름다우며 자신감이 넘쳤다.

    2004년에 대학을 갓 졸업한 둘은 결혼식을 올렸고, 건강할 때든 병들 때든 서로 사랑하며 아껴 주기로 서약했다. 그들은 곧 애틀랜타를 떠나 캘리포니아주 말리부로 이주했다. 그곳에서 제이는 페퍼다인 대학교 로스쿨에 입학했고, 캐서린은 배우와 모델로 활동했다. 이후 몇 년간은 모든 일이 순탄하게 풀렸으며, 2007년에는 첫아들을 낳았다. 인생은 쾌적하게 흘러가는 듯했다.

    출산 후 6개월이 지난 어느 날 오후, 캐서린은 불현듯 어지럽고 속이 메스꺼웠다. 손과 팔, 다리가 마비되는 느낌이었다. 캐서린은 TV를 끄려고 거실로 가다가 두어 번 휘청거리고는 갑자기 쓰러졌다. 함께 집에 있었던 제이는 구급차를 불렀다. 캐서린은 곧장 병원으로 옮겨졌고, 뇌간 뇌졸중 진단을 받았다. 소뇌의 절반 이상을 제거하는 수술을 진행했지만 솔직히 말해 살아날 가망은 크지 않았다. 수술은 열여섯 시간 이상 걸렸다. 당시 캐서린은 겨우 스물여섯 살이었다.

기적적으로, 캐서린은 갑작스러운 시련에서 살아남았다. 하지만 부부의 '새로운 일상'은 이제 시작일 뿐이었다. 캐서린은 두 달 동안 의식불명 상태로 누워 있었으며, 그 후 40일 동안 중환자실에 머물렀다. 그녀는 말하는 법과 먹는 법을 다시 배워야 했고, 일어나 걷기까지는 18개월이 걸렸다. 이후 수년간 재활과 회복이 이어졌고, 열 차례 수술을 추가로 받았다. 하지만 캐서린의 몸은 뇌졸중의 후유증에서 완전히 벗어나지 못했다.

캐서린은 지금도 분명한 제약을 안고 살아간다. 부분적으로 귀가 들리지 않으며, 음식물을 삼키거나 사물을 또렷이 보는 일도 힘겹다. 그녀의 얼굴에는 여전히 마비 증상이 남아 있다. 말이 어눌하며, 움직이려면 휠체어가 필수다. 하지만 캐서린과 제이는 여전히 놀라운 믿음을 간직하고 있다. 그것은 고통 속에는 뜻이 있다는 확신에 뿌리를 둔 믿음이다. 그 결과, 그들은 하나님 나라를 위해 큰 목소리를 내고 있다. 두 사람은 여러 책과 메시지를 통해, 전 세계의 고통받는 사람들에게 큰 소망을 전하고 있다.[1]

우리 중에 이처럼 감당 못할 어려움을 경험한 이들은 드물 것이다. 하지만 이 땅에서는 누구든지 불완전한 삶을 살아간다. 우리 식탁에 원수를 앉히지 않으려면, 힘들더라도 마음에 새겨야만 하는 진리가 있다. "내 삶은 고되지만, 예수님은 여전히 자신을 따르도록 나를 부르신다"라는 진리다.

'그렇게 하지 아니하실지라도' 믿음

성경 여러 부분에서, 우리는 암담한 상황에 놓인 사람들의 이야기를 듣는다. 그들이 신앙을 버리더라도 크게 이상하지 않아 보인다. 어려움 속에서 하나님을 외면하거나 기분 전환을 위해 중독에 빠져들지라도, 이해가 된다. 그리고 안타깝지만 많은 이들이 힘들 때 그렇게 한다.

역경이 찾아올 때, 우리는 대개 원수를 식탁에 초대하고 싶다는 유혹을 받는다. 하지만 그때에도 예수님은 여전히 그분을 따르도록 우리를 부르신다. 여기서 마음의 싸움에서 승리하는 데 필요한 근본 진리가 드러난다.

우리는 성경 전체에서 이 깊은 믿음을 계속 접한다. 느

---

1 그들의 이야기는 다음 책들에 자세히 나와 있다. Katherine and Jay Wolf, *Suffer Strong* (Nashville: Zondervan, 2020), *Hope Heals* (Nashville: Zondervan, 2016).

부갓네살왕이 모든 백성에게 자신의 거대한 금 신상만 숭배하라고 명했던 시대에, 사드락과 메삭, 아벳느고라는 히브리 청년 셋이 하나님을 예배했다. 그들의 목표는 오직 자신의 삶을 향한 하나님의 부르심에 순종하는 것이었다. 웅장한 음악이 연주될 때도(그 신상 앞에 엎드려 경배하라는 신호였다) 셋은 태연히 서 있었다. 그들은 이 의로운 행동 때문에 결국 성난 불길 속에 던져졌다.

하나님은 어떤 생각이셨을까? 분명 말이 안 되는 일이었다. 그들은 아무 잘못도 하지 않았다. 오히려 의로운 삶에 대한 상을 받았어야 했다. 하나님이 그들을 버리셨던 것일까?

하지만 세 사람은 위축되지 않았다. 오히려 믿음이 더욱 견고해졌다. 그 불타는 풀무 가장자리에서, 왕을 향해 이렇게 선언했다. "왕이여 우리가 섬기는 하나님이 … 우리를 맹렬히 타는 풀무불 가운데에서 능히 건져내시겠고 왕의 손에서도 건져내시리이다. 그렇게 하지 아니하실지라도 왕이여 우리가 왕의 신들을 섬기지도 아니하고 왕이 세우신 금 신상에게 절하지도 아니할 줄을 아옵소서" 단 3:17-18. 그 상황에서 구출되든, 불 속에 던져지든 간에 그들은 끝까지 하나님께 충성하겠다고 고백했다.

또 바울과 실라 이야기를 살펴보자. 그들은 감옥에 갇힌 상태였다. 한 여종을 마귀의 억압에서 해방시켰다는 것이 죄목이었다. 그들은 선한 일을 했지만, 당시 빌립보 시민들은 성난 폭도들처럼 들고 일어나 바울과 실라를 당국 앞으로 끌고 갔다. 이어 두 사람은 심한 매를 맞고 투옥되었다. 깊은 밤중에 그들의 발은 족쇄에 매여 있었고, 등은 온통 피투성이였다. 바울과 실라는 그저 하나님을 영화롭게 하려 했을 뿐이었다. 그들은 그저 선교 여행 중이었는데, 어째서 이런 일을 겪어야 했을까? 그들이 신앙을 버리거나 하나님을 원망하며 불평했더라도, 혹은 고통을 잊으려고 어떤 중독에 빠졌을지라도 그들을 탓하기 어려웠을 것이다. 그러나 바울과 실라는 기도하며 하나님을 찬송했다 행 16:16-40. 이들의 믿음은 깊은 역경 중에 더 견고해졌다.

이처럼 심한 환난 속에서 더 큰 믿음으로 나아간 사람들을 볼 때, 나는 깊은 경이로움을 느낀다. 그런 모습은 구약의 선지자 하박국의 고백 속에서 뚜렷이 드러난다.

> 비록 무화과나무가 무성하지 못하며
> 포도나무에 열매가 없으며
> 감람나무에 소출이 없으며
> 밭에 먹을 것이 없으며
> 우리에 양이 없으며
> 외양간에 소가 없을지라도
> 나는 여호와로 말미암아 즐거워하며
> 나의 구원의 하나님으로 말미암아 기뻐하리로다 합 3:17-18.

2. 원수들 한가운데서 차린 식탁

마지막 두 행은 하박국의 위대한 믿음을 보여준다. 이 기도에서 반복되는 어구를 눈치챘는가?

"… 없을지라도even though 나는 … 하리로다I will."

하박국의 말뜻은 기본적으로 이렇다. "흉년이 들어 추수한 곡식이 없을지라도, 논밭이 황폐해지고 외양간이 비었을지라도, 나는 기뻐하고 즐거워할 것이다. 주 하나님이 내 구원자이시기 때문이다. 나는 믿음을 잃지 않았다. 나는 여전히 기뻐하며 주님께 경배하고, 나를 해치려는 자들의 말과 행동 때문에 낙심하지 않을 것이다. 고난 속에서, 내 믿음은 더 굳건해진다."

이 두 어구는 일종의 강력한 인과관계를 제시하면서 우리가 따를 믿음의 본을 드러낸다.

'나쁜 일들이 생길지라도, 나는 주님을 찬양할 것입니다. 그런 상황 속에서도, 원수에게 마음을 내어주지 않을 것입니다.'

이것이 바로 제이와 캐서린 울프 부부의 믿음이다. 내가 이 장을 쓸 때, 부부는 이전에 파악되지 않았던 신경학적인 문제들을 알아내기 위해 새로 검사를 받아야 한다는 소식을 들었다. 그 결과에 따라, 그들은 더 어려운 고난을 헤쳐 가야 할 수도 있다. 검사실로 향하기 전, 두 사람은 나와 셸리에게 기도를 부탁했다. 그 기도를 마쳤을 때, 캐서린은 당시 우리 부부가 겪고 있던 시련에 대해 기도해주었다. 그녀는 기도 중에 하박국 3장 17-18절 본문을 언급했다. 함께 '아멘'으로 기도를 마친 뒤, 나는 지금 집필 중인 책에서 바로 그 본문을 다루고 있다고 이야기했다.

그러자 캐서린이 이렇게 답했다. "나는 특히 마지막 구절이 마음에 들어요. '주 여호와는 나의 힘이시라. 나의 발을 사슴과 같게 하사 나를 나의 높은 곳으로 다니게 하시리로다' 3:19. 다시 걷는 법을 연습할 때, 마음속으로 이 말씀을 붙들곤 했답니다." 2009년 병원에서 암울한 진단을 받았을 때, 그녀는 자기 상황에 맞게 이 본문을 적용했다고 고백했다.

> 스스로 걷지 못하고
> 휠체어를 탈지라도,
> 얼굴 절반이 마비되고
> 미소 짓기도 불가능할지라도,
> 심한 장애에 시달리고
> 내 아기를 돌보지 못할지라도,
> 나는 주 안에서 기뻐하며
> 구원자 하나님을 즐거워하리라!

이것은 일이 잘 풀릴 때만 하나님을 신뢰하며, 압박을 만나면 위축되는 그런 믿음이 아니다. 이 믿음은 심한 역경 속에서 더욱 꽃을 피운다. 이 믿음을 간직한 이들은 이렇게 고백한다. "나쁜 일들이 닥칠지라도, 주님을 더욱 찬양하겠습니다."

그러면 이 하박국의 기도를 각자 상황에 어떻게 가져올 수 있을까?

심한 재정 압박에 시달릴지라도 …
배우자가 지금 다른 사람과 있을지라도 …
전 세계적인 위기가 닥쳐올지라도 …
_____ 할지라도 …
나는 주 안에서 기뻐하며
구원자 하나님을 즐거워하리라!

이 '그렇게 하지 아니하실지라도' even though 의 믿음을 품을 때, 우리 삶의 온도와 궤적은 완전히 달라진다. 이제는 환경의 압박이 심해져도 믿음이 위축되지 않는다. 더욱 담대하고 견고해진다. 그리하여 확고하고 흔들림 없는 태도로 문제들을 헤쳐 나가게 된다.

이런 믿음을 얻으려면 마음의 초점을 올바른 곳에 두어야 한다. 우리는 예수님의 이름으로 이 믿음을 가꾸어 갈 수 있으며, 내밀한 식탁에 원수를 앉히지 않으려면 이 일이 꼭 필요하다. 이렇게 하려면, 많이 알려졌지만 거의 활용되지 않는 성경의 약속에 생각을 집중해야 한다.

시편 23편에서 거미줄 걷어내기

가장 친근한 성경 구절을 묻는다면, 요한복음 3장 16절을 언급하는 사람이 많다. 물론, 길거리 표지판이나 스포츠 행사 플래카드에서 흔히 보았을 것이다. 하지만 나는 시편 23편이 더 유명할 수 있다고 생각한다. 결혼식과 장례식에서 많이 들을 수 있고, 여러 설교 본문으로 인용되며, 다양한 그림과 조각의 주제로 흔히 볼 수 있다. 소셜 미디어에서 종종 접하는 여러 이미지에도 등장하며, 「페일 라이더」나 「타이타닉」 등 영화에서도 일부 언급된다. 이 시편은 수많은 음악과 노래 속에도 담겨 있다. 바흐와 슈베르트의 클래식 작품뿐 아니라 무수한 찬송가와 예배 음악은 물론, 심지어 쿨리오의 노래 "갱스터의 낙원"Gangsta's Paradise(미국 흑인 빈민가의 현실을 묘사한 힙합 장르의 곡—옮긴이)에서도 언급된다.

이처럼 시편 23편은 우리 문화의 근간을 이루고 있지만, 당신의 신앙 배경이 나와 비슷하다면, 우리 모두 여기에서 약간의 '거미줄'을 걷어낼 필요가 있다. 시편 23편이라고 하면 아무 생각 없이 읊조리기가 너무 쉽기 때문이다.

여호와는 나의 목자시니 내게 부족함이 없으리로다.
〔… 물론 그러시겠죠.〕
푸른 풀밭. 쉴 만한 물가. 사망의 음침한 골짜기. 지팡이와 막대기. 상. 머리에 기름.

[네, 무슨 말씀인지 다 알아요.]

이 시편에 대한 안일하고 인습적인 생각들을 떨쳐내야 한다. 지팡이로 양 떼를 인도하는 목자의 모습 같은 낡은 이미지들을 지우고, 본문이 제공하는 강력한 약속을 보게 해달라고 기도해야 한다. 이 말씀은 우리가 현대 문화에서 겪는 일들과도 밀접히 연관되기 때문이다.

시편 23편은 하나님을 세심하고 인격적인 목자로 묘사한다. 그분은 양 떼를 친밀하게 돌보시며, 외부 공격에서 지켜 주신다. 목자이신 하나님은 우리가 그분 곁에서 잘 먹고 쉬게 하는 동시에 우리의 안전과 유익을 위협하는 적들을 모두 격퇴하신다. 우리는 신약에 담긴 예수 그리스도의 삶과 사역 속에서 이렇게 우리와 함께하시는 목자의 모습을 실제로 확인한다.

요한복음 10장은 예수님이 시편 23편의 선한 목자이심을 보여준다. 시편에 담긴 하나님의 속성과 행동들은 목자 예수님의 삶에서 그대로 드러난다. 10장 1-21절에서, 예수님은 자신이 왜 선한 목자인지를 생생히 말씀하신다. 그분은 자기 양 떼인 우리를 아시며 강도들에게서 지키신다. 주님은 우리를 위해 자기 생명을 버리셨고, 지금도 늘 인도하신다. 이제 우리는 그분의 음성을 듣고 따라갈 수 있게 되었다. "예수 그리스도는 어제나 오늘이나 영원토록 동일하시니라"히 13:8라는 말씀으로 우리는 이 사실을 잘 안다.

우리는 신약에서 놀라운 초청의 말씀을 듣는다. "내가 너의 선한 목자가 되고 싶구나." 예수님이 우리를 향해 이렇게 말씀하시는 것이다. 인격적인 하나님이 우리 삶을 친밀히 돌보시며 인도하고 싶어 하신다. 잠시 멈춰 서서 숨을 고르고 음미해보라. 선한 목자이며 참 하나님인 분이 우리 인생의 모든 순간을 인도하겠다고 약속하신다!

여기서 핵심은, 이 제안을 내가 받아들여야 한다는 사실이다. 인정하든 안 하든, 우리는 모두 무엇인가에 끌려다닌다. 세상의 문화나 이념의 흐름에 지배되기도 하며, 소셜 미디어에 빠져 살기도 한다. 예수님을 따르지 않더라도, 다른 무언가가 우리를 이끌어가기 마련이다. "누구든지 진 자는 이긴 자의 종"벧후 2:19이 된다.

어떤 이들은 이렇게 말한다. "내게는 목자가 없어요. 누구의 인도도 받지 않습니다. 모든 일을 스스로 판단하고 결정합니다." 이런 때는, 당신이 직접 목자가 되어 자기 삶을 인도하는 것이다. 이때는 자기 힘만 의지해서 푸른 풀밭과 잔잔한 물가를 찾아가야 한다. 한 가지는 분명하다. 당신이 혼자서 삶을 이끌어왔다면, 결핍 속에 있을 가능성이 크다. 스스로 삶의 주인 행세를 할 때, 안타깝게도 사람들은 시편 23편을 이렇게 변질시킨다.

스스로 목자 되어 살아왔지만,

내 모습은 엉망진창이다.

내게는 부족한 것이 아주 많다.

잔잔한 물가가 눈앞에 있어도 알아보지 못하고,

푸른 풀밭에서 쉬지 못한 지도 오래다.

나는 의의 길로 걷지 않지만,

두려움과 악이 무엇인지 잘 안다.

나는 어떻게든 위안을 찾으려고 애쓴다.

나는 원수들을 참지 못하며, 언제든 해치고 싶다.

내 잔이 넘치는 것은 확실하다. 내 속에는 불안이 가득하고, 분노와 슬픔이 언제나 솟아난다. 그런 감정들이 깊이 응축되어 있어서, 약간의 자극에도 금세 폭발한다.

평생 무엇이 나와 함께할지는 모르겠지만 한 가지는 분명하다.

내 영혼은 초라하다는 사실이다.

예수님을 우리의 목자로 모실 때, 그분은 지치고 상한 우리 삶 속에 찾아오셔서 소생시키는 인도자가 되신다. 우리를 이끌고 보호하며, 쉼을 얻게 하신다. 그분은 삶의 목적을 주시며, 원수들을 다루는 법을 알려주셔서 그들이 우리 내면을 찢어놓지 못하게 하신다. 예수님은 소망과 미래를 주시며, 우리 영혼을 회복시키신다. 주님은 오늘과 내일뿐 아니라 평생에 걸쳐 사랑과 선을 베푸신다. 그리고 마침내 그분과 함께 낙원에서 영생을 누리도록 인도하신다.

이 모든 것이 시편 23편에 담겨 있다. 아직 예수님을 목자로 영접하지 않았다면, 지금 그렇게 해보지 않겠는가? 그분의 인도를 따른다면 당신에게는 아무 부족함이 없다. 그리고 삶은 점점 더 나은 방향으로 변화될 것이다.

여기서 주의할 점이 있다. 예수님의 인도는 그저 우리에게 좋은 것만 베풀거나 도와주시기만 한다는 의미는 아니다. 시편 23편에서, 선한 목자이신 그분은 먼저 우리가 어떤 일을 행하게 하신다.

마음의 싸움에서 승리하는 법

어떤 이들은 이렇게 말할지도 모르겠다. "말도 안 돼요. 아직 2장도 다 읽지 않았는데, 예수님이 나한테 뭔가를 요구하신다고요? 그냥 여기서 그만둘래요."

하지만 예수님이 당신을 돌보기 위해서는 이 명령을 따라야 한다. 스스로는 방법도 모르고 선택하지 않을 중요한 일들을 행하도록 당신을 이끄신다. 결국, 당신을 푸른 초장에 누이시게 하므로 주님의 손길을 기뻐하게 될 것이다.

물론 당신이 원한다면 거친 돌밭이나 뜨거운 사막 한복판에 누울 수도 있다. 하지만 주님은 이렇게 말씀하신다. "이 푸른 초장에 와서 쉬어라. 바쁜 일상을 내려놓고, 모든 결과를 통제하려던 것을 멈추어라. 내가 너에게 최선의 것을 준다고 믿어야 한다. 그리고 신선한 풀을 좀 먹어보아라. 나는 네 영혼을 살찌우기 위해 여기 있다. 나는 너를 사랑하고 돌보기를 원하며, 내가 분부하는 모든 것은 바로 네 유익을 위함이다."

하나님께서 우리를 양이라고 부르실 때 그분이 우리를 어떻게 여기시는지를 보여준다(그것은 꼭 칭찬의 말은 아니다). 하나님은 그저 우리가 귀엽고 사랑스럽다고 하시는 것이 아니다. 양 떼에게는 인도자가 필요하다. 마치 눈 위에 덥수룩하게 난 털에 시야가 가려지는 것처럼, 한 치 앞을 내다보지 못한다는 뜻이 담겨 있다. 우리는 자기 상황을 분별하지 못하며, 쉬어야 할 때도 쉬지 않는다. 그리고 삶의 중요한 순간에도 멍청한 결정을 내릴 때가 많다.

선한 목자이신 주님이 양 떼를 인도해 가시는 곳이 '잔잔한' 물가로 묘사되는 이유는 무엇일까? 양은 자기 상태를 모르기 때문이다. 거센 강물을 보면서도, 양들은 그저 갈증을 달래기 좋겠다고 여긴다. 양은 자기 몸이 수북한 털로 덮여 있다는 생각을 떠올리지 못한다. 물만 보면 흥분해서 그 안으로 고개를 내밀다가 온몸의 털이 흠뻑 젖고 만다. 어이쿠. 그렇게 되면 양은 거센 물살 속으로 곧장 빨려 들어간다. 이제 그 양은 급류를 향해 끌려가면서 목자의 손길을 애타게 기다린다. 매애애애!

다행히 주님은 길고 튼튼하며, 한쪽 끝이 살짝 구부러진 지팡이를 들고 계신다. 처음에는 그럴싸해 보이지만 결국 파멸로 치닫는 길로 빠져들 때 예수님은 안전한 곳으로 다시 끌어내신다. 이때 우리는 그분의 손길을 순순히 따라야 한다. 하나님은 우리를 억지로 끌고 가지 않으시기 때문이다. 때로는 우리 코가 물에 살짝 닿았을 때 예수님이 바로 건져내신다. 하지만 그 목자의 지팡이를 뿌리치고 깊은 물 속으로 뛰어들 때도 있다. 이때 우리는 거센 물살에 휩쓸리며, 자신이 내린 어리석은 선택의 무게에 젖은 채 점점 아래로 가라앉고 만다. 주님의 손길을 오랫동안 멸시하며 외면해왔기에, 결국 파멸의 강물에 휘말린 것이다. 이제 남은 것은 죽음뿐이다.

내게도 선한 목자이신 주님이 필요하다. 오랫동안 그리스도인으로 살아왔지만, 지금도 삶의 주도권을 하나님께 넘겨 드리려고 매일 노력해야 하는 존재다. 보기 좋아 보인다고 여전히 급류에 머리를 디밀곤 하기 때문이다. 나는 현명한 결정을 잘 내리지 못하며, 푸른 풀밭에 눕는 것을 본능적으로 꺼린다. 선한 목자이신 주님 곁에 머물면서, 이렇게 말씀하시는 그분의 다정한 음성을 들어야 한다. "루이야, 아니다. 우리는 거기서 목을 축이지 않을 거야. 갈증을 달래려고 나아가라 폭포 끝자락까지 올라갈 필요는 없지. 이 작고 고요한 연못으로 오너라. 이곳에서 맑은 물을 마시고 새 힘을 내렴." 그렇기에 이 주님의 명령은 기쁜 소식으로 다가온다.

주님의 본질적인 사역은 양 떼를 잔잔한 물가로 이끄시는 데 있다. 이 책의 주제인 '마음의 싸움에서 승리하는 법'을 다룰 때, 꼭 살펴야 하는 진리다. 2장에서 이 부분을 언급하는 이유도 여기 있다. 한 마디로, 목자이신 주님은 선하시다. 우리를 깊이 사랑하시는 그분은 늘 우리가 결국엔 잘되는 쪽을 염두에 두신다. 우리는 주님의 존재와 말씀, 사역 모두에서 그분의 선하심을 본다.

여기서는 특히 시편 23편 중후반부에 초점을 맞춰 보자. 이 부분에서, 앞서 언급한 '그렇게 하지 아니하실지라도'의 믿음이 드러난다. 우리가 이 믿음을 품을 때, 삶은 조금씩 더 선한 쪽으로 변화되어 간다. 4절에 담긴 고백—"내가 사망의 음침한 골짜기로 다닐지라도 even though 해를 두려워하지 않을 I will not 것은"—은 그 뒤에 이어질 구절을 든든하게 받쳐 준다.

이 유명한 구절에도 "~할지라도 ~않는다"라는 선언이 있다. 놀랍게도, 주님은 사망의 골짜기에서도 우리와 동행하신다. 하나님은 우리의 깊은 고난 중에 함께 계신다. 사랑하는 이들이 아프거나 세상을 떠날 때, 우리 마음이 깨어지고 갈망하던 일들이 무산될 때도 함께하신다. 지금 당신은 관계가 깨어지고 꿈은 산산조각난 현실을 직면하고 있을지도 모른다. 어떤 학교나 직장에 들어가고 싶었지만 뜻을 이루지 못했고, 주위 이성이 당신에게 호감을 품었다고 믿었지만 실제로는 아닐 수 있다. 또 배우자와 함께 아이를 가지려고 애썼지만, 결국 기회가 사라졌을지도 모른다.

우리는 이 사망의 골짜기에서 온갖 상실을 경험한다. 그것은 인생 이야기에 꼭 등장하는 부분이다. 우리는 모두 슬픔과 실망, 좌절을 마주한다. 그렇기에 다윗왕이 깊은 시련을 통과하면서도 "해를 두려워하지 않는다"라고 고백했던 것이다. 다윗은 자신을 인도하고 위로하시는 선한 목자의 손길을 알았다.

하박국의 기도처럼, 이 시편 역시 우리 삶에 적용할 수 있다. 우리는 어떻게 두렵지 않다고 고백할 수 있을까? 4절 뒷부분에 그 답이 담겨 있다. 우리 힘으로는 주위 문제들을 해결하거나 삶의 어려움을 피해 갈 수 없다. 하지만 어떤 해악도 겁낼 필요가 없으니, 선한 목자이신 주님이 함께하시기 때문이다. 그분의 지팡이와 막대기가 우리를 위로하신다.

전능자 하나님께서 우리와 함께 계신다. 이제 그 진리를 조금씩 자세히 살펴보자.

지금 당신이 어떤 어려움을 겪든, 한 가지 좋은 소식이 있다. 그저 하나님이 도우신다는 것만이 아니다. 진실로 중요한 소식은 하나님이 우리와 함께 계신다는 것이다. 그분은 당신이 병들거나 임종을 맞을 때도 함께하신다. 그리고 취업에 실패하거나 안타까운 소식을 접할 때, 항암 치료를 받을 때도 함께 계신다. 인생의 거센 폭풍우와 시련, 깊은 어둠의 골짜기 가운데서도 우리와 함께 계신다. 선한 목자이며 전능하신 하나님은 삶의 온갖 고난 속에서 우리와 늘 동행하신다.

이것은 우리의 기도 생활을 완전히 바꾸어놓을 만한 놀라운 계시다. 당신은 이렇게 기도할 필요가 없다. "하나님, 지금 제가 환난 중에 있습니다. 제발 도와주세요." 대신에, 우리의 기도는 이렇게 달라진다. "하나님, 이 어려움 속에 함께해주셔서 감사합니다. 주님이 내 편이심을 믿습니다. 이 시련을 어떻게 잘 헤쳐나가면 좋을까요?"

참된 평안과 승리, 자유는 가만히 앉아서 아무 문제나 고통이 없기를 바라기만 해서는 주어지지 않는다. 세상을 살면서, 우리는 어떤 식으로든 사망의 음침한 골짜기를 지나게 된다. 하지만 시편 23편에서, 예수님은 바로 그 문제와 고통, 상실의 '한복판에서' 놀라운 은혜를 베푸실 것을 약속하신다. 그렇기에 우리는 '그렇게 하지 아니하실지라도'의 믿음을 키워갈 수 있다.

원수들 사이에서 식탁을 베푸시는 이유

시편 23편 5절은 성경에서 가장 권능 있는 구절 중 하나다. 이 책의 남은 부분에서, 우리는 이 구절의 의미를 조금씩 관점을 넓혀가며 살필 예정이다. 여기서는 먼저 시편에서 이

지점에 이르게 된 몇 가지 진리를 살펴보고 싶다. 이 구절에는 하나의 아름다운 반전이 담겨 있다. 당신은 이 구절에서 하나님이 우리 '원수들의 눈앞에서' 상을 차려 주신다고 선포한 것을 기억하는가?

내가 그 구절의 저자라면, 이와는 다르게 기록했을 것이다. 물론 하나님이 내게 상을 차려주시는 것은 멋진 일이다. 다만 내 생각에는 '하나님 앞에서' 차려지는 상이라야 한다. 그러니 그분께 다음과 같이 푸념하게 될지도 모른다. "식사할 때 싫어하는 사람들이 옆에서 얼쩡거리는 건 딱 질색입니다. 하나님, 저라면 이렇게 썼을 것 같네요. '주께서 전망 좋은 창가에 식탁을 차려주시고, 내쫓기는 원수들을 지켜보게 하시는도다!' 저들을 여기서 내보내주세요!"

하지만 시편 23편 5절은 그렇게 말씀하지 않는다. 하나님은 그 치열한 싸움의 한가운데에서 우리 식탁을 베풀어주신다. 그 식탁에는 실로 풍성한 요리들이 차려져 있으며, 음식은 모두 우리 입맛에 맞는다. 다만 그 식탁은 항암 병동 한가운데에 놓여 있다. 우리는 고급 은식기로 세팅된 저녁 식탁에 초대되었지만, 서로 완전히 갈라선 가족들이 식탁 주위에 모여 있다. 그 식탁은 고단한 직장 생활이나 깊은 아픔이 있는 인간관계의 한복판에 차려져 있다. 우리는 고난과 다툼, 오해와 핍박, 우울증과 죽음의 공포 가운데서 그 식탁을 마주한다. 우리의 문제가 내적이든 외적이든 간에, 하나님의 식탁은 바로 그 갈등의 진원지에 놓여 있다.

그 식탁의 모습을 한번 상상해볼 수 있겠는가?

성경은 때로 '식탁'이라는 단어를 사용하여 하나님의 구원과 화평, 그분의 임재를 비유적으로 드러낸다. 당시 유대인이라면 누구나 어떤 이의 식탁, 특히 하나님의 식탁에 초대받는다는 의미를 곧바로 헤아렸을 것이다. 예수님이 성육신하셔서 우리 구주이자 친구로 찾아오시기 전에, 하나님의 임재는 여러 다른 방식으로 표현되었다. 처음에는 구름과 불, 방 안을 가득 채운 연기 등이 그것이었다. 그리고 구약 백성의 이야기가 진전되면서 하나님은 성막을 짓도록 지시하셨다. 이곳은 죄악 된 인간이 거룩하신 하나님과 대면하는 장소였다. 이 성막 기구 중 하나가 식탁이었으며, 그 위에는 그분의 임재를 상징하는 떡을 두어야 했다. "상 위에 진설병〔陳設餠, bread of the Presence, '임재의 빵'〕을 두어 항상 내 앞에 있게 할지니라"출 25:30.

지금도 하나님은 우리를 그분의 상에 초대하신다. 그분은 이 초대를 위해 값비싼 대가를 치르셨으니, 성자 예수님의 생명이 바로 그것이다. 우리가 그 상에 앉아 하나님과 교제하며 잔치를 누릴 때, 마침내 구속이 완성된다. 이에 관해, 이사야 25장 6절은 이렇게 선포한다. "만군의 여호와께서 … 만민을 위하여 기름진 것과 … 포도주로 연회를 베푸시리니." 또 누가복음 13장 29절은 이렇게 말씀한다. "사람들이 … 와서 하나님의 나라 잔치에 참여하리니." 하나님이 베푸시는 구원의 식탁에서는 모두가 환영받는다.

그런데 시편 23편 5절은 교제의 식탁을 묘사한다. 이 식탁은 선한 목자이신 주님과 당신만을 위한 것이다. 염려하지는 말라. 이 식탁은 배타적이지 않다(단 한 명만 초대받는 것은 아니다). 그보다는 주님의 인도를 받는 이들만 초대된다는 의미에서 특별함을 준다. 원수 마귀는 이 식탁에 앉을 수 없다. 이 자리는 오직 그리스도를 따르는 이들을 위해 예비되었기 때문이다.

이제 이 식탁의 모습을 상상해보자. 의자 두 개가 마주보고 놓여 있다. 식탁 한편에는 주님이, 맞은편에는 당신이 서 있다. 자리에 앉기 전에 당신은 먼저 차려진 음식을 둘러본다. 음식들은 평소 내가 식탁에 올린 것과는 달라 보일 것이다. 주님이 특별히 당신을 염두에 두고 음식을 준비하셨기 때문이다. 식탁 위에 놓인 것은 다 당신이 좋아하는 음식이다. 맛있고 건강에도 좋은 음식들이 풍성하다. 그 음식들을 끝까지 다 먹어야 하는 건 아니다. 주님은 당신을 폭식의 자리로 부르신 것이 아니기 때문이다. 그것은 당신의 가장 깊은 갈망을 채워주는 진정한 잔칫상을 상징한다. 식탁에는 포만감과 해방감을 동시에 가져다주는 음식들이 올라가 있다.

아마 당신 앞 쟁반에는 신선한 과일이 가득 담겨 있을 것이다. 그것은 전채(前菜) 메뉴인데, 햇볕에 말린 딸기와 씨 없는 수박, 잘 익은 포도와 아삭한 사과가 보인다.

그 옆에는 샐러드 접시가 놓여 있다. 그 안에는 싱싱한 로메인 상추 위에 엑스트라 버진 올리브오일과 곱게 간 파마산 치즈, 코셔 소금과 후추를 얹은 샐러드가, 갓 구운 빵조각과 함께 제공된다. 혹시 이런 종류를 좋아하지 않는다면, 신선한 토마토와 오이를 듬뿍 넣은 가정식 샐러드는 어떨까? 그 옆에는 근사한 소시지 요리가 준비되어 있다.

천상의 향기가 당신 코끝을 맴돈다. 다른 접시에는 메인 요리가 놓여 있다. 당신이 육식 애호가라면, 겉은 살짝 그을렸으며 속은 촉촉하고 육즙이 많은 스테이크가 담겨 있을 것이다. 혹은 갓 잡은 민물송어 요리일 수도 있다. 채식주의자들에게는 브로콜리 소스를 얹은 파스타나 칠레 렐레뇨chiles rellenos(고추에 치즈를 넣고 달걀을 입혀 구운 멕시코 요리—옮긴이), 또는 검은콩 엔칠라다enchiladas(옥수수빵에 검은콩을 넣고 매운 소스를 뿌린 멕시코 요리—옮긴이)가 준비되어 있다. 아름답게 장식된 그 접시들 위로 뜨거운 김이 올라온다.

혹시 디저트를 언급했던가? 식탁 위에는 맛있어 보이는 뉴욕 치즈케이크가 놓여 있다. 부드럽고 달콤한 아이스크림을 얹은 애플파이도 있다. 레드벨벳 케이크와 끈적한 브라우니, 설탕 입힌 도넛과 코코넛 크림 파이도 보인다.

이제 먹을 준비가 되었는가?

그런데 막 자리에 앉으려 할 때, 그곳에는 주님과 당신만 있는 게 아님을 알아차린다. 물론 식탁 앞에는 주님과 당신 뿐이지만, 주위에 한 무리의 사람들이 둘러싸고 있다. 그들은 이 식탁을 실로 독특하게 만드는 요소 중 하나인데, 바로 당신의 원수들이기 때문이다. 식탁 주위 사람들은 당신을 달가워하지 않는다. 그들은 당신을 노려보며 비난과 욕설을 퍼붓고, 사실과 다른 말을 늘어놓는다. 그들은 증오심에 가득 차서 당신을 깎아내리며, 심지어 등 뒤에서 찌르고 싶어 한다.

이 무리는 당신이 겪고 있는 삶의 여러 문제를 상징한다. 당신을 괴롭히며 심한 스트레스를 주는 일들이다. 각종 재난과 재정적 압박, 불안과 중독, 이혼과 우울증, 무너진 가정을 비롯한 온갖 삶의 고통에 둘러싸여 있다. 그런데 여기서 놀라운 일이 벌어진다. 그 재난과 갈등 한가운데서, 하나님이 다정하게 당신의 이름을 부르면서 이렇게 말씀하시는 것이다. "애야, 이제 자리에 앉으렴."

이쯤 되면 선한 목자의 제안을 받아들이는 게 당연하다고 생각할 수 있다. 하지만 현대 사회의 분주한 일상에 매인 당신과 내가 정말 그리할지는 장담하기 어렵다. 오히려 우리는 그저 주님과 함께 멋진 셀카를 찍은 다음, "오늘 주님과 함께한 환상적인 식사"라는 자막을 넣어 소셜 미디어에 올리는 편을 택할 것이다. 그러고는 테이크아웃 커피를 손에 들고 다음 약속 장소로 곧장 달려간다. 그렇게 황급히 자리를 뜨면서, 우리는 예수님을 향해 변명하듯 말한다. "예수님, 고맙습니다! 주님이 최고예요. 사랑합니다. 차려주신 이 식탁은 정말 근사하네요! 지금은 비행기를 타러 가야 하지만, 나중에 꼭 연락드릴게요!"

다행히 주님과 함께 식탁에 앉게 되었다고 해보자.

이때 주님은 이렇게 말씀하시면서 당신의 잔에 신선한 물을 따라주신다.

"목마르지 않으냐?"

깜짝 놀란 당신은 눈앞에서 벌어지는 일의 의미를 애써 헤아린다. '온 우주의 주관자이신 하나님이 내 잔에 물을 따라주신 건가?' 당신은 딸기를 한 입 베어 물고, 버터를 넣은 감자 요리와 육즙 가득한 스테이크도 입에 넣어본다.

이것이 '그렇게 하지 아니하실지라도'의 믿음이다. 이 믿음을 품은 이들은 이렇게 고백한다. "비록 원수들이 나를 에워싸고 있을지라도, 하나님은 풍성한 식탁을 차려주셨습니다. 이제 그분과 함께 식사를 나눌 것입니다."

하나님은 인색하지 않으시다. 그분은 지극히 너그럽고 후하시며, 식탁의 모든 음식은 그 보기만큼이나 맛도 훌륭하다. 당신은 그 음식들을 맛보면서 멋진 식사를 경험한다. 이것은 당신이 남은 인생 내내 계속 누리게 될 일이다. 이 식사는 우리가 전능하신 하나님과 나누는 교제의 핵심이다. 그분은 우리 삶의 모든 갈등을 없애주신다고 하지 않았으며, 고난의 현실에서 우리를 빼내지도 않으셨다. 그 대신에, 하나님은 원수들의 눈앞에서 풍성한 상을 차려주겠다고 약속하셨다.

맛있는 음식이 가득 차려져 있긴 하지만, 이 식탁의 진정한 의미는 식탁 위에 놓인 음식에 있지 않다. 이 식사의 경이로움은 음식에서 오지 않는다. 바로 당신이 식탁에 누구와 함께 앉았느냐가 중요하다.

이 책의 나머지 부분에서는 하나님이 그분의 식탁에서 베푸시는 은혜를 깨닫고 받아들일 때 찾아오는 삶의 유익들을 다룰 예정이다.

이제, 식사가 시작되었다

죄에 대한 승리나 순전한 마음, 속박에서의 자유와 두려움을 다스리는 능력 등도 참되고 중요한 혜택들이다. 하지만 우리 삶의 궁극적인 유익은 하나님이 베푸시는 어떤 것에 있지 않음을 또한 알아야 한다. 하나님이 궁극의 유익이 되신다. 우리는 전능하신 그분과 교제하도록 초대받았다.

이 책은 '고통 없는 삶을 향한 세 단계'를 알려주는 자기계발서가 아니다. 내가 전하고픈 중심 메시지는 이것이다. "하나님은 우리와 함께 식탁에 앉으시며, 사망의 음침한 골짜기에서도 동행하신다." 즉, 새롭고 성경적인 방식으로 예수님을 바라보고, 위대한 왕이신 예수님께 경외심을 가지고 응답하게 돕는 예배의 책이다. 이를 통해 우리의 정체성이 예수님 안에 견고히 뿌리를 내리고, 선한 목자가 모든 단계에서 우리를 인도하므로 우리 삶은 달라진다.

하지만 우리는 이 식탁의 동반자가 누구인지를 금세 잊고, 그분이 어떤 분인지 그저 어렴풋하게 아는 것으로 그친다. 당신은 지금 눈앞에 계신 분이 누구인지 아는가? 그 무게감을 충분히 음미할 수 있게 좀 더 이 장면에 머무르며 생각해보자. 디모데전서 1장 17절은 하나님을 이렇게 묘사한다. "영원하신 왕 곧 썩지 아니하고 보이지 아니하고 홀로 하나이신 하나님."

바로 그분이 당신 앞에 앉아 계신다.

로마서 11장 33절과 36절에서, 사도 바울은 이렇게 고백했다. "깊도다, 하나님의 지혜와 지식의 풍성함이여! 그의 판단은 헤아리지 못할 것이며 그의 길은 찾지 못할 것이로다. … 이는 만물이 주에게서 나오고 주로 말미암고 주에게로 돌아감이라. 그에게 영광이 세세에 있을지어다. 아멘."

바로 그 하나님이 당신의 식탁에 함께 계신다.

고대의 영적 지도자였던 욥은 하나님의 경이로운 모습을 다양한 비유로 묘사했다. 그에 따르면, 하나님은 광활한 허공에 하늘을 펴고 땅의 기초를 놓으신다. 그분은 구름으로 하늘의 물을 감싸고 보름달을 덮으시며, 바다의 수평선을 드러내고 하늘의 기둥들을 진동시키는 분이다. 그분은 바다를 잔잔하게 하시며, 자신의 입김으로 하늘을 맑게 만드신다. 욥은 이렇게 찬탄했다. "보라, 이런 것들은 그의 행사의 단편일 뿐이요 우리가 그에게서 들은 것도 속삭이는 소리일 뿐이니 그의 큰 능력의 우렛소리를 누가 능히 헤아리랴!" 욥 26:14

이 하나님이 우리 앞에 좌정하고 계신다. 우리의 진정한 상급은 예수님과 함께 '저녁 식사'를 하는 데 있다. 시편 23편 5절은 그저 벽에 걸어놓기 좋은 장식용 성구가 아니다. 그 말씀에는 놀라운 능력이 담겨 있으니, 우리 식탁에 앉으신 분이 전능하신 하나님 자신이기 때문이다!

자, 이제 식사가 시작되었다. 예수님과 함께 잔치를 즐기면서 유익한 교제를 나눌 수 있다. 당신은 식탁 맞은편에 계신 주님이 위대한 왕이심을 알며, 그분만이 우리의 참되고 온전한 상급이심을 고백한다. 당신은 주님의 깊은 사랑을 경험한다.

그런데 앞서 언급했듯, 누군가가 그 식탁에 계속 끼어들려 한다. 바로 가장 큰 원수인 마귀다. 마귀는 그곳에 초대받지 않았지만, 당신 곁에 앉으려고 끈질기게 온갖 꾀를 쓴다. 마음속 싸움에서 이긴다면, 당신을 완전히 무너뜨릴 수 있음을 마귀는 알기 때문이다.

3

잠시 앉아도 될까요?

그때 내 손바닥에 맺혔던 땀의 느낌이 아직도 생생하다.

당시는 아내 셸리의 생일이었다. 나는 아내가 좋아하는 식당에서 둘만의 저녁 식사를 계획했다. 셸리는 이 식사를 간절히 고대했으며, 나는 아내에게 멋진 시간을 선사하려고 온갖 정성을 다했다.

우리는 완벽한 식사를 즐겼다. 도시 야경은 화려했고, 음식과 분위기 모두 최고였다. 우리는 4인용 식탁에 앉았지만 둘뿐이었다. 이 근사한 시간을 누릴 때, 한 낯선 청년이 밖으로 나가는 길에 우리 곁을 지나다가 나를 두어 번 돌아보았다. 그러고는 놀란 얼굴로 이렇게 소리쳤다.

"기글리오 목사님? 목사님 맞나요? 여기서 뵙다니 정말 믿기지 않는군요. 두 달 전 목사님이 설교하신 집회에서 제 삶이 완전히 달라졌습니다!"

"반갑습니다. 하나님이 당신의 삶에 힘 있게 역사하셨다니 기쁘군요. 알아봐주셔서 고맙습니다." 나는 그 청년을 올려다보면서 말했다.

그 청년은 문 쪽으로 계속 걸어가면서 말했다. "저도 반갑습니다."

셸리와 나는 다시 식사를 나누며 대화를 이어갔다. 몇 분 뒤, 그 청년이 식당 안으로 돌아와 곧장 우리 자리로 오는 모습이 보였다. 나는 재빨리 식탁을 살피면서 처음 보는 선글라스나 지갑, 열쇠 같은 게 있는지 훑었다. 청년이 잠시 인사를 나눌 때 무언가를 실수로 놓고 간 거라고 생각했다.

청년은 식탁 앞에 서서 이렇게 말했다. "목사님, 제 말이 이상하게 들리지 않기를 바랍니다. 아까 밖에서 친구에게 목사님을 만났다고 했어요. 그랬더니 친구가 이러더군요. '다시 가서 이야기를 나눠봐.' 그 집회 이후, 하나님이 주신 은혜를 목사님께 전할 날을 고대했답니다. 그런데 이렇게 만났네요! 정말 생각도 못 했던 일입니다. 잠시 앉아도 될까요?"

그러더니 청년은 내 대답도 듣지 않고 테이블에 놓인 빈 의자 중 하나에 손을 뻗었다.

나는 얼른 말했다. "저도 하나님이 형제의 삶에서 행하신 일들을 듣고 싶군요. 하지만 다른 날짜로 잡을 수 있을까요? 오늘은 아내 생일이고, 지금 우리에게는 특별한 시간이거든요. 나중에 뵈면 어떨까요?"

청년은 셸리를 보면서 짤막하게 말했다. "생신 축하드려

요." 그러고는 다시 내게로 고개를 돌리면서 의자에 앉으려 하고 있었다.

어라?

방금 벌어진 일을 이해할 수 있겠는가? 청년에게 내 의사는 전혀 중요하지 않았다. 그때부터 손바닥에서 땀이 나고 온몸이 긴장하기 시작했다. 한편으로, 나는 이 낯선 청년을 식사 자리에 초대할 수도 있었다. 그러면 셋이서 아내 생일을 축하하게 되었을 것이다. 하지만 다른 한편으로, 청년에게 불친절한 말들을 내뱉게 될까 봐 스스로 걱정되었다.

이야기의 요점은 그 식당에서 어떤 일이 있었는지(실제로 청년은 무척 선량했다), 셸리와 내가 어색한 순간을 넘기려고 어떻게 노력했는지에 있지 않다. 내 요점은 '순간의 중요성'을 잘 헤아려야 한다는 것이다.

청년이 식탁에 자리를 잡는 데는 불과 1초도 걸리지 않았으며, 이는 원수 마귀도 마찬가지다. 우리가 방심할 때, 원수는 눈 깜짝할 사이에 주님이 베푸신 식탁에 찾아오곤 한다. 이제 그곳에 있는 이는 전능하신 하나님과 당신만이 아니다. 원수 역시 그곳에 자리를 잡는다.

원수는 우리 마음의 미세한 틈을 노린다. 사소한 의심이나 불신이 그에게는 큰 기회가 된다. 그 순간, 마귀는 당신의 식탁에 앉아 마음을 얻기 위한 싸움을 시작한다.

3. 잠시 앉아도 될까요?

불청객이 다가온다!

오늘날 우리는 원수가 마음의 식탁에 앉는 것을 당연하게 생각한다. 실로 큰 문제다. "요즘은 다들 그래. 불안은 원래 삶의 일부야. 사람은 누구나 불안하고, 어쩔 수 없지. 다 혼란스럽게 살아가잖아. 근심이 우리 목을 짓누르기도 하고. 매일 뉴스 좀 봐. 두려움을 피할 길이 있겠어?" 이렇게 말할 때마다 우리는 원수를 식탁에 초대하는 셈이다.

마찬가지로, 우리는 자신이 하나님과 사람들에게 별 가치가 없는 존재라는 그릇된 이야기를 마치 진실처럼 받아들인다. 우리는 사람들이 자신을 오해하거나 무시하며, 적대적으로 대한다고 믿는다.

또 우리는 전혀 다른 관점을 따르기도 한다. 자기가 더 많은 것을 누릴 자격이 있다고 생각하므로 깊은 시기와 탐욕, 비교 심리에 사로잡혀 하나님이 주신 자기만의 정체성을 잃고 만다. 우리는 소셜 미디어를 계속 들여다보면서, 남들이 누리는 것과 계속 비교하면서 그 이상을 얻으려고 안간힘을 쓴다.

"더 많은 돈, 더 많은 친구가 필요해. '좋아요'를 더 많이 얻었으면 좋겠어. 어쩌면 아예 삶의 자리를 바꿔야 할지도 몰라. 여기서 조금 욕구를 채우고, 저기서 잠깐 쾌락을 누린다 한들 부담을 느낄 이유가 있겠어?" 결국, 우리는 모두 타락한 문화 속에서 살아간다. 그리하여 우리는 마귀처럼 말하기 시작하며, 원수가 바라는 생각들을 품게 된다.

과연 이런 일은 어쩔 수 없는 걸까?

그렇지 않다! 원수가 우리 삶에 간섭하는 일을 당연하게 여겨서는 안 된다. 예수님의 이름으로, 우리는 모든 마귀의 일을 거부할 수 있다. 이 세대를 죽음으로 몰아가는 죄들을 범하도록 마귀는 유혹하지만, 우리는 그 가운데 머무를 필요가 없다.

로마서 8장 10-12절에 따르면, 예수님을 죽음에서 일으키신 성령님이 우리 속에 거하신다. 그렇기에 우리는 그 부활의 능력을 경험할 수 있다. 예수 그리스도께서 죄의 권세를 깨뜨리셨으며, 이제 우리를 새 마음과 삶의 방식으로 초대하신다. 우리는 그분 안에서 자신을 죄에 대해 죽은 자로 여겨야 한다. 더 이상 원수의 목소리가 우리 삶을 통제할 이유가 없다. 예수님의 이름으로, 우리는 죄의 욕망에 굴복할 필요가 없으며 마음의 싸움에서 승리할 수 있다. 예수님 덕분에 우리는 더 이상 노예가 아니다. 우리는 자유로워졌다. 우리는 살아 있다. 우리는 하나님의 자녀다.

시편 23편 4절 첫 부분("내가 사망의 음침한 골짜기로 다닐지라도")만 기억하고 그 뒷부분("해를 두려워하지 않을 것은 주께서 나와 함께하심이라")을 잊을 때, 우리 삶에 큰 문제가 닥쳐온다. 우리가 음침한 골짜기에 머물면서 자기 문제에만 집착할 때,

원수는 하나님 뜻과 다른 방향을 택하도록 자극해온다. 우리는 심한 시련과 역경, 핍박과 외로움에 시달리면서 자칫 이런 생각을 품기 쉽다. '지금 내가 사망의 음침한 골짜기에 갇혀 있는데, 하나님이 도우러 오지 않으셨어. 간절히 기도했지만 응답도 없었고. 이제 이 골짜기를 평생 벗어나지 못할 거야. 애써 순종했지만, 그분은 날 돌아보지 않으셨어. 이제는 차라리 죄를 지어 기분 전환이라도 해야겠어.'

당신의 귀에는 마룻바닥 위로 빠르게 끌리는 의자 소리가 들리는가? 앞의 식탁은 주님과 우리 자신만을 위한 것이지만, 이제는 불청객이 나타났다.

먹잇감이 되지 않으려면

이 불청객이 등장할 때, 대개는 차분하며 친절하기까지 하다. 그가 와서 앉을 때, 당신은 미처 그 존재를 의식하지 못할 수도 있다. 마귀는 네온 불빛이 번쩍이는 갈퀴를 들고 나타나지 않으며, 당신의 눈을 뽑아버리겠다고 으르렁대며 위협하지도 않는다. 처음에 마귀는 그저 옆자리 손님처럼 찾아온다. 그는 무심코 당신의 브라우니를 집어먹고 어느 잔이 제 것인지 물어보며, 당신 냅킨을 가져다가 입을 닦는 멍청이로 보일 뿐이다.

이 불청객은 너무나 자연스럽게 옆에 와서 앉기에, 참모습을 간파하기가 쉽지 않다. 처음에 그는 우리 편처럼 행세하며, 삶의 고질적인 문제들을 해결해주겠다고 약속한다. 고린도후서 11장 14절은 사탄이 "자기를 광명의 천사로 가장"한다고 하는데, 이는 마귀가 우리 삶에 침입할 때 본색을 거의 드러내지 않음을 보여준다. 그의 목적은 오직 "도둑질하고 죽이고 멸망시키려는"요 10:10 데 있다. 그러면서도 마귀는 마치 우리 유익을 진심으로 바라며 고통에서 건져주려는 듯 다가온다. 이렇게 안부를 건넬지도 모른다.

"안녕하세요! 어떻게 지내나요? 괜찮아요? 안색이 안 좋아 보여요. 직장 일은 좀 어떤가요? 그곳에서 버티는 게 참 신기해요! 당신 상사는 정말 멍청해요. 그런 인간 밑에서 일하다니 대단합니다! 집안 형편은 좀 어떤가요? 여전히 힘들어요? 저런, 안됐군요. 혹시 컵케이크를 하나 더 먹어도 될까요? 음식들이 정말 맛있네요!"

마귀는 심지어 성경 구절을 인용할 수도 있다. 예수님을 유혹할 때도 그랬다마 4장, 눅 4장. 마귀가 예수님께 건넨 말은 기본적으로 이런 뜻이었다. "여기 이 구절을 보세요. 이 안에 당신의 문제에 대한 답이 있습니다. 이 구절이야말로 삶의 열쇠가 될 거예요."

원수는 온갖 수단을 써서 당신 머릿속에 자기 생각을 주입하려 든다. 영화나 소셜 미디어에서 스치듯 등장하는 여러 이미지, 혹은 우연히 듣게 된 옆자리 손님들의 대화가 방편일 수 있다. 처음에 그 생각들이 어떻게 당신의 머릿속에 들어왔든 간에, 지금 그 안에 자리 잡은 것만은 분명하다. 아마 당신은 지금 외롭고 지쳤거나 화가 났을지도 모른다. 깊은 압박감에 시달린다면 악한 영향력 아래 놓이기가 더 쉽다.

요한일서 2장 16절은 마귀의 세 가지 수단을 "육신의 정욕과 안목의 정욕과 이생의 자랑"이라고 설명한다. 마귀는 우리 본성의 갈망을 이용해 삶을 해치고 망가뜨리며, 이것이 곧 육신의 정욕이다. 또 그는 우리가 보고 원하는 모든 것을 올무 삼아 파멸로 몰아가는데, 이것이 안목의 정욕이다. 그리고 이생의 자랑은 그릇된 태도로 자신을 뽐내고 과시하거나 무리한 허세와 야심을 품을 일을 가리킨다. 우리가 지나친 자신감에 사로잡힐 때 마귀는 그것을 도구로 이용한다.

마귀는 종종 우리에게 공감하는 모습으로 다가온다. 오래전 에덴동산에서, 하와를 그렇게 유혹했다. 창세기 3장은 마귀가 뱀의 모습으로 하와 앞에 나타나서 하나님의 선하심을 의심하게 한 일을 기록한다. 마귀는 금지된 열매가 얼마나 아름답고 탐스러운지를 일깨웠다. 그러고는 그녀의 귀에 이렇게 속삭였다. "하나님이 너에게 꼭 필요한 저 열매를 일부러 먹지 못하게 하시는 거야." 하와는 곧 고개를 끄덕이며 그 말에 동의했다. 그러고는 그 과일이 "먹음직도 하고 보암직도 하고 지혜롭게 할 만큼 탐스럽기도" 하다는 점을 강조하면서 아담을 설득했다 창 3:6.

마귀가 어떤 식으로 우리 식탁에 접근하든 간에, 목표는 늘 같다. 우리 마음속에 침투해 삶을 망가뜨리며 해로운 생각을 심기를 원한다. 이런 생각들이 우리 안에서 자랄 때, 마침내 행동으로 드러난다. 마귀는 우리를 사악한 길로 빠지게 만들며, 우리의 소중한 것을 전부 앗아가려 한다.

하나님과의 사귐을 단절시키고, 우리를 아끼는 이들과의 관계를 무너뜨린다. 긴 안목으로 볼 때, 마귀는 결코 온유하고 친절한 존재가 아니다. 그는 "처음부터 살인한 자"요 8:44이자, 사람들 앞에 올무를 놓아 자기 뜻대로 조종하는 자다 딤후 2:26. 마귀는 늘 "우는 사자같이 두루 다니며 삼킬 자를 찾〔는다〕"벧전 5:8.

그리고 지금은 당신이 바로 그 먹잇감이다.

이미 원수가 자리를 잡았다면?

원수의 온갖 술수 때문에, 그 목소리를 쉽게 알아차리지 못할 수 있다. 마귀는 에덴동산에서 하와 주위를 배회했으며, 예수님이 잡히시던 날 밤에도 주변을 맴돌았다. 마귀는 지금도 우리 곁을 어슬렁거리고 있다. 그 접근 자체를 막을 수 없더라도, 식탁에 앉지 못하게 하는 일은 우리 몫이다.

너무 염려하지는 말라. 하나님의 자녀에게는 마귀의 속삭임을 물리칠 믿음의 권세가 있다. 당신은 이렇게 선포할 수 있다. "예수님의 이름으로, 나는 네 말과 생각, 영향력에 놀아나지 않겠다."

마귀가 이미 식탁에 앉아 있는데, 미처 그 사실을 몰랐다면 어떻게 해야 할까? 부정적인 생각과 감정에 너무 익숙해진 나머지, 원수가 점심을 빼앗아 먹는 일까지 눈치채지 못하는 것은 아닐까?

원수가 이미 우리 식탁에 앉아 있는지를 어떻게 파악할 수 있을까? 마귀의 무기고에서 나온 불화살이 우리 삶에 맹렬히 쏟아질 때, 그 사실을 분명히 절감한다. 우리는 먼저 원수의 거짓말을 간파하고, 그것이 삶에 끼치는 파괴적인 영향력을 헤아려야 한다. 그런 다음에 비로소 그 공격을 예수님의 이름으로 어떻게 물리칠 것인지를 살필 수 있다.

이제부터 이것들을 차근차근 알아볼 것이다.

4

치명적인 거짓말을
간파하다

나는 애틀랜타 시내의 큰 교회에서 성장했다. 열두 살 때, 당시 나는 중학교 1학년 남학생들을 위한 주일학교 교실에 있었다. 교실 바닥에는 황갈색 리놀륨이 깔려 있었으며, 콘크리트 벽도 같은 색깔이었다. 교실 안에는 접이식 금속 의자들이 가지런히 놓여 있었고, 벽에는 바울의 선교여행 지도가 걸려 있었다. 창문 블라인드는 언제나 내려져 있었으며, 맞은편 벽에는 '온유하고 부드러운' 예수님의 모습을 묘사한 큰 그림이 걸려 있었다. 그분의 얼굴은 창백했고, 마치 오랫동안 외출도 하지 않은 사람처럼 보였다. 예수님의 옷과 머리 모양은 완벽했다. 그분은 어깨에 양을 둘러메고 손에는 지팡이를 든 채, 아득한 눈빛으로 '영원한 나라'를 바라보고 있었다. 하지만 올랜 밀스 스튜디오Olan Mills Portrait Studios(20세기 미국의 전통적인 사진 촬영 업체—옮긴이)에서 찍은 사진 속 인물 같은 이 초상은 그분의 실제 모습과는 전혀 맞지 않다.

4. 치명적인 거짓말을 간파하다

예수님은 우리의 영웅이자 수호자이며, 큰 권세와 능력을 지닌 하나님의 아들이다! 우리가 생사의 고비를 넘나들며 막다른 골목에 몰릴 때가 있다. 극심한 삶의 위기 앞에 서면, 마귀는 우리 귓속에 슬쩍 거짓말을 속삭인다. 바로 그때, 전능하며 선한 목자이신 주님이 양손에 지팡이와 막대기를 들고 곁에 서 계심을 깨달아야 한다. 그것이 시편 23편이 묘사하는 목자의 모습이며, 우리는 이런 분의 임재 안에서 위로를 얻는다. 주님은 그 지팡이를 써서 우리를 안전한 곳으로 끌어내시며, 다른 손 막대기로는 우리를 향해 달려드는 사자나 성난 곰을 격퇴하신다.

시편 23편을 기록한 다윗도 자기 양 떼를 공격하는 사자나 곰을 쳐서 물리치곤 했다 삼상 17:34-36. 그렇기에 그는 사망의 골짜기에서도 우리와 함께하신다는 하나님의 약속에 담긴 의미를 잘 이해할 수 있었다. 심한 고난과 압박을 겪을 때도 예수님은 우리 곁에 계시는데, 그저 주머니에 손 넣고 멀찍이 서 있지 않으신다. 그분은 매 순간 우리를 건져내시며, 어떤 대가를 치러서라도 보호하신다. 예수님이 우리 잔을 넘치도록 채워주실 때, 더 이상 불안한 눈빛으로 주위를 살필 필요가 없다. 하나님은 원수들의 눈앞에서 식탁을 차려주시며, 그 덕분에 우리는 선한 목자이신 예수님의 얼굴에 시선을 집중할 수 있다.

앞서 언급했듯, 우리에게는 원수의 거짓말을 제대로 간

파해내는 일이 꼭 필요하다. 그 일 자체에 집착하려는 것이 아니라, 거짓말을 적절히 피하면서 선한 목자만을 바라보기 위함이다. 우리를 가로막는 여러 거짓말을 분별하면, 예수님의 이름 안에 있는 진리로 그것을 물리치고 마음의 싸움에서 승리할 수 있다.

비교하는 순간 우리 영혼에 일어나는 일

남의 떡이 커 보인다면, 지금 원수가 당신의 식탁에 앉아 있는 것이 분명하다. 예수님이 당신을 위해 준비하신 식탁에는 생명과 풍성한 삶이 있기 때문이다 요 10:10. 하나님의 식탁이 아닌 다른 식탁은 우리를 상실과 죽음, 파멸의 길로 몰아가려고 한다. 마귀가 우리 식탁에 앉을 때, 그는 종종 다른 식탁을 가리키면서 그곳이 얼마나 놀랍고 멋진지를 계속 떠들어댄다. 그는 하나님이 함께하시지 않는 어떤 곳을 보여주면서 이렇게 말한다. "이봐, 네 문제의 해답은 저곳에 있어."

마귀는 악질적인 영업 사원과 같다. 그는 당신이 듣고 싶은 말만 하고, 당신이 보고 싶은 것만 보여준다. 마귀는 당신의 식탁에서 죽인다고 고함치지 않는다. 오히려 달콤하고 유혹적인 제안을 내민다. 하지만 궁극적인 목표는 우리를 진리와 생명에서 꾀어내 결국 거짓과 죽음으로 끌고 가는 것이다.

'다른 식탁이 더 좋아 보인다'라는 마귀의 주장에는 비교의 속임수가 숨어 있다. 마귀는 늘 어딘가에 더 나은 삶이 있다고 귓가에 속삭인다. "네 배우자를 버리고 다른 사람을 만나야 해. 그러면 삶이 좀 나아지지 않겠어? 네 문제의 해결책은 거기에 있어. 다른 사람과 함께할 수만 있다면 말이야. 하나님을 신경 쓰지 않고 자유롭게 살아가는 저 무리를 보라고. 답답한 교훈들에 얽매이지 않고 네 뜻대로 살아가면, 원하던 일이 다 이루어질 거야. 저 생명력과 음식, 만족과 기쁨이 가득한 걸 보라고. 네가 바라던 것들이 저기 다 있지."

이런 거짓말에 넘어가지 말라. 마귀는 다른 사람과 우리를 비교하면서 부러움과 열등감에 사로잡히게 하려고 애쓴다. 그는 당신의 마음속에 시기와 탐욕을 조금씩 주입하면서 자기 처지를 한탄하게 만든다. 그러고는 하나님이 그 사람을 더 사랑하신다는 생각에 빠뜨린다. 하나님이 그에게 더 큰 복을 베푸셨고, 당신의 절실한 필요는 외면하셨다고 여기게끔 한다. 그렇게 당신은 하나님의 선하심을 불신한다. '하나님은 내게 복을 베풀지도, 사랑하지도 않으셨어. 하나님이 못됐거나 날 잊었거나 지금까지 거짓말을 해왔던 거야. 그래서 내가 좋은 것을 놓친 거지.'

이것이 소위 '남의 떡 커 보임' 증후군이다. 전능하신 주님의 식탁에 앉아 선한 목자이신 분께 시선을 고정하지 않을 때, 우리는 '비교'라는 폭군의 손에 휘둘리고 만다. 주위를 한

번 둘러보면 이런 모습을 흔히 볼 수 있다.

- 밥은 회사에서 당신보다 더 높은 위치에 있다. 그가 몇 가지 규정을 슬쩍 무시하고 넘어간 덕분이다. 그래서 밥은 멋진 새 차를 몰고, 당신은 고등학생 자녀에게 중고차를 장만해 주려고 고군분투한다. 최근에 밥 부부는 집 뒷마당에 근사한 바위 폭포가 있는 수영장을 지었다.
- 재스민은 어떤가? 그녀의 계정에 올라온 게시물은 전부 완벽하다. 자녀들은 생기가 넘치고, 가족 휴가를 즐기는 사진도 근사하다. 집 뒤편에 남편 로니가 지어준 그녀의 작업실은 참 우아해 보인다.
- 헬스장에서 만난 커트는 마침내 역기능적인 가족과 아내를 버리고, 정신 나간 장모와도 관계를 끊었다. 지금은 캘리포니아 소노마에서 새 여자와 함께 살고 있다. 그의 모습은 무척 평온하고 행복해 보인다.
- 애니타는 스마트폰 회사의 단순 업무를 그만두고(교회도 발길을 끊었다), 유타주를 돌면서 캠핑카로 여행하는 중이다. 그녀는 책임이나 부담감 없이 홀가분한 삶을 즐긴다.

원수는 자유롭고 매력적인 삶의 모습을 그럴듯하게 그린다. 우리 눈에, 그들의 삶은 늘 더 멋져 보인다. 하지만 책임을 회피하고 자유롭게 살겠다는 생각은 예수님에게서 나온 것이 아니다. 그분은 우리에게 풍성하고 온전한 생명을 주려고 이 세상에 오셨다.

　이 책을 읽는 지금, 당신은 옳고 선한 일들로부터 점점 더 멀어지는 중인가? 그간 헌신해온 일들을 포기하려고 하지는 않는가? 하나님 뜻에 어긋나거나 후회할 것이 뻔한 일들을 저지르려는 것은 아닌가? 아니면 예수님에게서 멀어졌지만, 그렇게 부러워하던 '남의 떡'이 생각보다 초라하단 사실을 알게 된 것은 아닌가? 지금 형편이 그렇다면, 이미 원수가 당신의 식탁에 앉아 있다는 증거다.

　하지만 계속 이렇게 살 필요는 없다. 예수님은 늘 우리를 그분의 식탁으로 다시 부르신다. 이제는 당신의 식탁에 원수가 앉을 자리를 내주지 마라.

내 삶에 가망이 없다는 거짓말

　당신이 성공하지 못할 것이라는 거짓말을 믿는다면, 이 역시 원수를 식탁에 앉히는 일이다. 마귀는 우리에게 가망이 없다고 속삭인다. 탈출구는 없으며, 모든 일을 포기하고 깔끔하게 사라지는 편이 더 낫다고 부추긴다.

　주위에서 안부를 물을 때, 어떤 이들은 이렇게 대답한다. "이번 시즌을 무사히 넘길 수 있을지 모르겠어요. … 이번 학기를 감당하지 못할 것 같아요. … 이 시기를 제대로 버틸 힘이 없어요."

당신도 그렇게 말해본 적 있는가? 어떻게 그런 생각을 품게 되었을까? 이처럼 암울하고 회의적인 말은 어디서 온 것일까? 분명히 선한 목자이신 주님은 아니다. 아마 식탁에 앉기를 허용한 원수에게서 그 말을 들었을 것이다.

시편 23편에서 하나님은 "네가 사망의 음침한 골짜기로 '통과할지라도'walk through 해를 두려워하지 않아도 된다"라고 하신다. 이 구절에서 핵심 단어는 '통과하다'이다. 목자이신 주님은 우리가 '그 골짜기로 간다'라고 하지 않으셨다. 오히려 '그 골짜기를 통과한다'라고 하셨다. 이는 결국 우리가 그곳을 벗어나게 된다는 의미다.

이 사실을 깨달을 때, 우리 안에서 '그렇게 하지 아니하실지라도'의 믿음이 자라난다. 우리가 험하고 고된 시절을 보낼지라도, 하나님의 지팡이와 막대기가 함께하신다. 우리는 혼자가 아니다. 하나님은 지금 우리가 어둡고 힘든 길을 걷고 있음을 아신다. 하지만 그분은 우리를 그 곤경 가운데서 곧바로 건져내겠다고 하지 않으셨다. 오히려 그 시기를 끝까지 통과하기까지 눈여겨보시겠다고 약속하셨다. 이 둘은 큰 차이가 있다.

선한 목자는 우리가 해내지 못할 것이라고 하지 않으신다. 우리 삶이 절망적이라서 아무 탈출구가 없다고 하지도 않으신다. '모든 게 끝났어. 차라리 죽는 게 낫겠어'는 주님의 음성이 아니다. 오히려 주님은 이렇게 약속하신다. "우리는 결국 이 골짜기를 통과하게 될 거야. 그 과정 내내 내가 너와 함께할 거란다. 저편에 서게 되면, 온 세상에 외칠 믿음의 이야기를 마음에 간직하게 될 거야."

이것이 바로 하나님이 자기 백성을 애굽의 종살이에서 건져내신 방법이다. 하나님은 홍해 위에 다리를 놓지 않으셨다. 그분은 그 바다를 가르셔서, 이스라엘 백성이 한가운데로 통과하게 하셨다. 많은 경우, 하나님의 계획은 거친 바다 위에 다리를 놓는 식으로 진행되지 않는다. 오히려 그분은 우리에게 힘과 은혜를 베푸셔서, 그 바닷속을 기적처럼 통과하게 하신다. "주의 길은 바다로 이어졌고, 우리를 깊은 물 속에 난 길, 아무도 알지 못했던 길로 인도하셨나이다!" 시 77:19, NLT 지금 당신이 어떤 상황 속에 있든, 결국 그 문제를 극복하게 될 것이다. 선하신 주님이 그 여정 속에 늘 동행해주신다.

우리는 시편 23편을 이렇게 고쳐 쓰려고 하기 쉽다. "내 식탁에는 하나님만이 함께하시며, 원수들은 그림자도 보이지 않습니다." 그리스도인들은 하나님 임재를 사모하면서 흔히 이렇게 기도한다. "주님, 오늘 우리와 함께해주소서." 그런데 우리가 알아야 할 것은 하나님이 이미 그 기도에 응답하셨다는 사실이다. 고린도후서 13장 5절에서, 사도 바울은 이렇게 질문한다. "예수 그리스도께서 너희 안에 계신 줄을 너희가 스스로 알지 못하느냐?" 우리가 고백하는 성육신 신학에 따르면, 예수님은 우리 안에 늘 살아계신다. 물론 어떤 순간에는, 하나님이 특별하거나 초자연적 방식으로 우리 곁에 계심을 느끼기도 한다. 하지만 오래전 하나님 백성이 보았던 구름 기둥이나 불기둥 같은 이적에 의존할 필요는 없다.

흥미롭게도, 신약에는 하나님의 임재를 찾고 구하라고 권면하는 구절이 하나도 없다. 이유는 무엇일까? 하나님이 예수님의 인격 안에서 자기 모습을 이미 드러내셨기 때문이다(그리고 그분은 33년 동안 실제로 인간의 피부를 입으시고 세상에 거하셨다). 이제 예수님은 성령의 능력으로 우리 안에 살아계신다. 그렇기에 우리는 주님의 임재를 구하는 대신 그분과의 인격적인 교제를 추구한다. 내가 성삼위 하나님의 임재를 애써 갈망하지 않는 이유는 그분이 이미 내 안에 거하시기 때문이다.

하나님은 원수의 눈앞에서도 우리와 함께하겠다고 약속하셨다. 예수님은 우리가 이 세상에서 환난을 겪으며 깊은 절망에 빠질 때도 식탁에 함께 앉아 계신다. 하나님이 우리의 고난을 미리 다 제거하시지는 않는다. 그분은 우리로 그 역경들을 통과하게 하시며, 그 과정에서 늘 동행하신다.

혹시 당신 삶에 가망이 없다는 마귀의 거짓말에 속아 넘어간 적은 없는가? 절대 그렇지 않다. 예수님이 당신 안에 살아계시기 때문이다! 당신의 식탁에 원수를 앉히지 말라.

내가 무가치하다는 거짓말

당신 마음속에서 '나는 쓰레기야'라는 소리가 계속 들린다면, 이는 원수가 식탁에 앉아 있다는 의미다. 물론 이 거짓말은 주의 깊게 다룰 필요가 있다. 성경은 신자들에게 늘 겸손하라고 권하기 때문이다. 하지만 잘 알려진 것처럼 "겸손은 자신을 낮게 생각하는 것이 아니라 자신을 덜 생각하는 것"이다. 우리는 이 둘을 자주 혼동하며, 자신을 못나게 여길 때 하나님이 영광을 받으신다고 생각한다. 하지만 이보다 더 큰 착각은 없다. 우리는 모두 하나님의 존귀한 형상으로 지음받았기 때문이다. 물론 이 놀라운 사실을 오용해서, 스스로 뽐내거나 모든 일을 자기 위주로 판단하며 살아서는 안 된다. 하지만 이와 반대로, '나는 아무것도 할 수 없어'라는 식의 비관론에 빠져서도 안 된다. 마귀는 당신을 둘 중 하나로 몰아가려 한다. 지나친 자기도취에 빠지거나, 자기 소중함과 가치를 망각하게 하려는 것이다.

여기서 나는 후자의 사람들, 즉 자신이 형편없다고 여기는 이들을 격려하고 싶다. 그들은 그간 어떤 일들을 성취했든, 지난 세월 동안 하나님의 말씀에서 수많은 진리를 들었지만 자신을 괜찮은 존재로 여기지 않는다.

당신은 누군가에게 '너는 아무 일도 못 해'라는 말을 들었을 수 있다. 부모와 배우자가 당신을 버리고 떠났거나, 자신이 좋아하던 이성에게 선택받지 못했을지도 모른다. 당신은 늘 친구의 외모나 재능을 부러워하며 한탄했을 수도 있다. 그리고 때로는 깊은 죄책감과 감당하기 힘든 수치심에 허덕이기도 한다. 아무리 노력하고 애써도, 자신이 참 못나 보인다. 그리고 스스로 그렇게 믿는다면, 주위 사람들 역시 당신을 그런 눈으로 바라볼 것이다. 물론 겉으로는 친절하게 대할지도 모르지만, 당신은 그들의 실제 생각을 이미 알고 있다.

"나는 형편없다"라는 노래는 지옥의 깊은 수렁에서 나온 것이다. 그 노래는 우리를 극심한 무력감과 좌절에 빠뜨리며, 우리 목을 조르고 마비시킨다. 이는 선한 목자에게 속한 것이 아니다. 지금 마음속에서 그 소리가 계속 울려 퍼진다면, 원수가 당신의 식탁에 앉아 있는 게 틀림없다.

이 원수의 거짓말은 참된 겸손과 무관하다. 오히려 그것은 우리 머리를 타격하는 대적의 몽둥이와 같다. 마귀는 당신 귓가에 이렇게 속삭인다. "너는 쓸모없는 존재야. 네가 원하는 일들은 절대 이루어지지 않을 거야." 당신이 교회 소모임을 인도할 때, 마귀는 그 모임이 실패할 것이라고 말한다. 하나님을 따르는 아내와 어머니로서 정직과 연민, 친절과 강인함으로 가족을 이끌도록 부름을 받았는가? 이런 거짓말은 당신이 충분하지 않다고 말하며, 아무것도 할 수 없으니 시도조차 하지 말라고 한다. 당신은 창조주 하나님이 당신을 사랑하셔서 그분의 자녀로 삼으셨음을 믿는가? 그러나 마귀는 당신이 영적으로 버림받았다고 여기게 만든다. "너는 무가치한 죄인이고, 앞으로도 그럴 거야. 너는 하나님의 자녀가 아니야. 그분은 너를 미워하셔."

이제 눈을 들어, 식탁 맞은편에 계신 주님을 잠시 바라보라. 과연 당신은 그분의 표정에서 멸시와 미움을 느끼는가? 아니면 못 자국 난 손으로 당신의 잔에 신선한 음료를 따라주시는 모습을 보는가? 물론, 예수님은 거룩함의 본체이시다. 그리고 바로 그분이 당신을 초대하셨다. 그분이 이 식탁을 놓고 음식을 준비하셨으며, 당신과 함께 앉으셨다. 그리고 이 식사를 위해, 주님은 모든 희생을 감수하셨다.

요한복음 10장에는 아름다운 선한 목자의 비유가 담겨 있는데, 그에 따르면 예수님은 자기 "양들을 위하여 목숨을 버리〔시는〕" 분이다. 주님은 당신과 함께하시기 위해 자신의 생명까지 내어주셨다! 그러니 원수를 식탁에 앉히지 말라.

세상이 나를 미워한다는 거짓말

얼마 전, 나는 직장을 막 그만둔 한 남자와 이야기를 나누었다. 이유를 묻자, 그는 그곳의 모든 이들이 자기를 싫어했다고 했다. 잠시 후에 나는 실수로 다른 회사 이름을 언급했다. 그러자 그는 이렇게 말했다. "몇 년 전에 그 회사에서도 일했는데 곧 그만뒀습니다. 그곳 사람들도 다 저를 불편해했거든요."

얼마 후, 나는 그가 아내와 헤어진 사실을 알게 되었다. 무슨 일이 있었느냐고 묻자, 그는 자기 상황을 요약하면서 이렇게 답했다. "처음부터 아내의 부모님이 저를 마음에 들어 하지 않았습니다. 가족들 모두 저를 싫어했지요."

나는 그 말을 들으면서 이렇게 생각했다.

'정말 그랬을까?'

'모든 이들이 너를 미워한다'라는 마귀의 거짓말에 넘어갈 때, 우리는 깊은 의심과 불신에 빠진다. 그는 이렇게 속삭인다. "직장과 가족, 교회에서 마주치는 모든 이들이 너를 미워해. 담임 목사나 지도 교수, 네 부모와 자녀, 친구와 동료, 이웃들 모두 마찬가지야. 식당에서 방금 주문을 받은 웨이터도 네 접시에 침을 뱉었어."

이처럼 '모든 사람이 나를 미워한다'라는 목소리가 귓가에 계속 맴돈다면, 원수가 당신의 식탁에 앉아 있기 때문이다. 그것은 두려움에 바탕을 둔 비논리와 편집증의 소리이며, 이를 통해 마귀는 삶에서 만나는 모든 이를 불신하게 만든다. 이 거짓말은 더욱 교묘한 형태로 나타난다. 마귀는 능숙한 솜씨로 신자들 마음속에 의심의 씨앗을 뿌리며, 하나님 말씀이 참되다는 우리의 확신을 무너뜨린다.

물론 사람들에게 실제로 "네가 싫다"라는 말을 듣지는

않았을지도 모른다. 하지만 당신의 머릿속에서 계속 맴도는 생각이 있다. '내가 사무실에 들어올 때, 저 직원은 고개도 들지 않았어. 나를 싫어해서 그랬을 거야. 저쪽 사람들 좀 봐. 분명히 내 이야기를 하고 있을 거야. 저들은 내 약점을 노리고 있어. 저 애는 나한테 다시 말을 걸지 않을 거야. 내게는 친구가 없어. 저 친구들은 다 나만 빼놓고 놀아. 아무도 나를 초대해주지 않아. 나를 좋아하는 사람은 하나도 없어.'

무엇이 진실일까? 물론 누군가가 당신을 싫어할 수는 있다. 하지만 모든 사람이 그런 마음을 품는 일은 거의 없다. 지금 그런 거짓말이 계속 맴돈다면, 이는 과거의 어느 시점에 당신이 주위 사람들을 적대하게 되었기 때문일 가능성이 크다. 언젠가부터 당신은 조금씩 다른 이들을 의심하며 불신하기 시작했고, 이제 그 마음은 당신의 인생관이 되었다. 당신은 높고 견고한 마음의 벽을 쌓았으며, 어떤 이들에게는 그 벽을 뚫기가 불가능해 보일 수 있다. 당신은 과거에 깊은 상처를 입었고, 다시는 아무에게도 곁을 내주지 않으려 한다. 당신은 마음속으로 이렇게 다짐했다. '사람들이 나를 치기 전에 먼저 주먹을 날릴 거야. 나를 버리기 전에 먼저 떠나야지. 그들이 무시하기 전에 내가 먼저 외면할 거야.' 마귀의 거짓말 뒤에는 대개 이런 연약함이 놓여 있다.

지금 당신은 심한 압박과 곤란, 오해와 불확실성에 둘러싸여 있을지도 모른다. 하지만 하나님은 이 모든 상황 가운데서 당신의 식탁을 마련해 놓으셨다. 그분은 당신 편이시다. 그분은 만유의 주님이시며, 모든 능력과 권세를 지닌 온 우주의 왕이시다. 그러니 하나님이 사망의 골짜기 가운데로 동행하실 때, 우리는 모든 삶의 염려를 내려놓을 수 있다. 이때 우리는 불안한 눈빛으로 주위를 살피던 일을 그치고, 적대적인 태도 역시 떨쳐낼 수 있다.

"자네 식탁에 원수를 앉히지 말게"라는 벗의 메시지를 받은 시기에, 나는 외국의 한 집회에서 말씀을 전했다. 당시 집회 인도자와 스태프 일부가 대기실에 모여 함께 기도했다. 이때 나와 그다음 순서의 인도자들이 방 한가운데 섰다. 그러고는 온 스태프들이 우리 몸에 손을 얹고 기도하면서, 그리스도께서 큰 능력과 은혜를 부어주시기를 간구했다.

그 시간이 끝나자, 처음 보는 한 여성이 내게 다가와서 기도할 때 받은 마음의 감동을 나누었다. 그녀는 이렇게 말했다. "누군가가 목사님을 넘어뜨리려고 해요. 하지만 염려하지 마세요. 하나님이 지켜주실 테니까요." 나는 온몸에 소름이 돋았다. 당시 나는 집에서 수천 킬로미터 떨어진 곳에 있었고, 그곳에는 내가 교회를 개척하면서 겪던 시련을 아는 이가 아무도 없었다. 이후로 나는 그 순간을 잊어본 적이 없다. 힘든 일이 닥칠 때마다, 마음속으로 그 말을 반복하곤 한다. '루이, 염려하지 마. 하나님이 지켜주실 거야.'

당신은 절박한 상황 속에서 하나님이 우리를 지키신다는

이 진리를 숙고해본 적이 있는가? 이 진리를 따를 때, 우리는 모든 삶의 두려움을 제쳐 두고 열린 마음으로 다른 이들을 도울 수 있다.

하나님이 우리를 반대하지 않으시고, 위하신다는 진리는 대단히 중요하다. 이 진리를 믿지 않으면, 끊임없이 불안과 의심에 매인 채로 살아가게 된다. 이때 우리 자신을 늘 피해자로 인식하는 그릇된 자아상이 생긴다. 사람들의 사랑을 체험할 때 맛보는 자유와 기쁨을 그리워하게 될 것이다. 그런 삶을 회복하려면 이 진리를 받아들이고 당신 자신을 사랑해야 한다. 당신이 '세상은 나를 미워한다'라는 사고방식에 익숙하다면, 처음에는 이런 변화가 다소 두려울 수 있다. 하지만 당신은 자신을 미워하도록 지음받지 않았다. 당신은 자신이 사랑받는 존재임을 알게끔 창조되었다.

그러나 하나님과 이웃을 계속 불신하며 살아간다면, 식탁에 차려진 풍성한 음식을 온전히 음미할 수 없을 것이다. 시편 23편 5절에서는 이렇게 말씀한다. "주께서 … 기름을 내 머리에 부으셨으니 내 잔이 넘치나이다." 양들의 생태를 잘 모른다면, '머리에 기름을 붓는다'라는 말뜻이 잘 와닿지 않을 것이다. 당시 중동에서 양의 가장 큰 천적은 덩치 크고 사나운 늑대가 아니었다(물론 늑대도 위협적이기는 했다). 오히려 작은 기생충과 파리들이었다. 파리들은 매우 성가신 침입자로, 양의 코안에 있는 연골 조직에 알을 낳곤 했다(으악!). 콧

속에 파리 알들이 잔뜩 달라붙은 채로 숨 쉬려 애쓴다고 상상해보라. 기생충들은 양의 눈과 얼굴 주위의 털 속에 파고들어 각종 피부질환과 염증을 일으켰다. 당시 목자들은 이런 일들을 막으려고 양의 머리에 기름을 발라주었다. 말하자면, 그 기름은 천적들이 양의 코와 얼굴 주변에 자리 잡지 못하도록 보호막 역할을 했다. 이처럼 하나님도 그분의 말씀을 통해 우리를 미움과 거짓, 속임수에서 보호하신다.

나아가 하나님은 그 식탁에서 누리는 기쁨이 일상에서도 생생히 드러나기를 원하신다. 그분은 우리 삶 속에 이웃을 향한 사랑이 가득하기를 바라신다. 후하고 너그러운 모습은 왕이신 주님과 교제하는 모든 이들이 자랑으로 내세우는 공통된 특징이다. 이제 당신은 하나님의 복들을 자기만의 창고에 계속 쌓아두지 않고, 주위의 모든 이들과 나누며 베푼다. 당신의 적들에게도 그 혜택이 돌아간다! 주님의 식탁에는 넘치도록 풍성한 음식이 있기에, 심지어 당신을 미워하는 이들과도 후히 나눌 수 있다. 하지만 움켜쥔 주먹으로는 관대함의 실천이 불가능하다. 손바닥이 열려 있을 때만 베풀 수 있다.

주님의 식탁에서, 우리는 '모든 사람이 나를 미워하고 공격해'라는 내면의 목소리를 '하나님은 나를 사랑하시고 내 편이 되어주셔'로 바꿀 수 있다. 이 풍성한 식탁을 누릴 때, 우리는 이웃을 위한 하나님 사랑의 통로가 된다.

물론 어떤 이들은 여전히 당신을 배척할지도 모른다. 하지만 많은 이들이 누군가의 사랑과 관심을 고대하고 있음을 안다면, 당신은 무척 놀랄 것이다. 전능하신 주 하나님이 당신을 위하시며, 모든 이들이 당신을 대적하지도 않는다. 그러므로 당신의 식탁에 원수를 앉히지 말라.

인생에 탈출구가 없다는 거짓말

사방으로 포위되어 탈출구가 전혀 없는 듯하다면, 원수가 당신의 식탁에 앉아 있기 때문이다.

이것은 원수의 고전적인 거짓말이다. 이 근본적인 거짓말에는 이번 장에서 다룬 몇 가지 거짓말이 함께 결합해 있다. 마귀는 당신에게 더 이상 의지할 곳이 없다고 말한다. 이제는 어디로도 전진하거나 도망칠 수 없고, 자유롭게 살 수도 없다는 것이다.

당신은 이전에 내린 그릇된 결정들로 인한 후유증에 시달리며, 친구의 배신으로 크게 상처 입었다. 당신의 평판은 무너졌고, 직장에서 쫓겨날 위기에 놓였을지도 모른다. 이제 당신은 예전 공동체로 돌아갈 수 없고, 아무도 신뢰하지 못한다. 마지막 수단까지도 써버린 당신은 깊은 중압감에 시달린다. 이때 마귀는 이렇게 속삭인다. "포기하고 물러나. 이 도시를 떠나든지, 아예 삶을 마감해버려."

나 역시 이제껏 온갖 풍파를 겪었기에 이런 감정적 현실이 얼마나 혹독한지 익히 안다. 그러니 이 조언을 따르는 일이 쉽다고 말하지는 않겠다. 하지만 사방으로 포위되어 탈출구가 없다고 느낀다면, 놀라운 소식을 들려주고 싶다. 이는 "당신이 실제로는 훨씬 더 큰 하나님의 능력에 둘러싸여 있다!"라는 사실 말이다.

엘리야는 이스라엘에서 가장 능력 있는 선지자 중 하나였다. 그는 하나님의 기름 부음을 받은 자로, 갈멜산에서 거짓 선지자들을 대적하며 하늘에서 불이 내려오게 하는 기적을 행했다. 엘리야는 하나님의 분부대로 그 기름 부음을 엘리사에게 전수했으며, 엘리사 역시 선지자이자 큰 믿음의 인물로 하나님의 능력을 드러냈다.

전쟁과 혼란의 시기에, 아람 왕은 온갖 수단을 써서 이스라엘 성읍들을 공격하고 무너뜨리려 했다. 하지만 하나님은 그분의 책략들을 계속하여 엘리사에게 미리 알려주셨다. "이스라엘 왕이 하나님의 사람이 자기에게 말하여 경계한 곳으로 사람을 보내 방비하기가 한두 번이 아닌지라" 왕하 6:10. 이에 아람 왕은 몹시 화가 나서 어떻게든 엘리사를 죽이려고 했다.

하루는 엘리사와 그의 하인이 도단이라는 성읍으로 여행했다. 아람 왕은 엘리사가 자신의 전쟁 계획들을 망쳐놓은 장본인임을 알았기에, 병거와 마병이 포함된 큰 규모의 군대를 보내 그를 없애려고 했다. 엘리사가 잠든 사이, 그 군대는 은밀히 그 성읍에 도착해서 주위를 겹겹이 둘러쌌다.

그날 밤, 엘리사의 하인은 잠을 잘 이루지 못했다. 침상에서 몸을 뒤척이는 동안, 바깥에서 들려오는 희미한 소리들이 그를 불안에 빠뜨렸다. '누가 저기에 있지? 위험한 일이 닥친 것은 아닐까? 주인어른은 무사할까?' 아침이 밝기도 전에 하인은 이미 깼다. 그리고 주위를 살피러 나갔다가 믿기 어려운 광경을 목격했다. 성읍이 완전히 포위되어 있었던 것이다. 엘리사의 위치를 알아낸 아람 군대는 밤사이에 성읍 주변을 철통같이 에워싸고 있었다. 하인의 눈에는 빠져나갈 길이 아예 없어 보였다.

하인은 엘리사의 숙소로 달려가 그를 급히 깨웠다. "아아, 내 주여! 우리가 어찌하리이까?" 왕하 6:15

엘리사 앞에 놓인 선택지는 둘 중 하나였다. 깊은 두려움과 좌절에 빠져 모든 것을 포기하거나, 아니면 하늘을 바라보는 것이었다. 엘리사는 후자의 길을 택했다. 그는 하인에게 이렇게 확언했다. "우리와 함께한 자가 그들과 함께한 자보다 많으니라" 6:16. 그러고는 기도했다. 그런데 이 기도는 엘리사 자신을 위한 것도, 아람 군대의 손에서 건져달라는 것도 아니었다. 오히려 엘리사는 자기 하인을 위해 기도했다. "여호와여, 원하건대 그의 눈을 열어서 보게 하옵소서." 이상하지 않은가? 그는 왜 그렇게 했을까?

우리는 하인의 눈이 멀쩡했다고 생각하기 쉽다. 그는 망

원경 없이도, 수백 미터 떨어진 곳에 늘어선 적들의 병거와 마병들을 잘 알아보았다. 아람 군대의 규모를 정확히 헤아렸으며, 엘리사와 자신만이 그들과 맞서야 함을 직감하고 있었다. 하인의 눈에는 자신이 포위되어 궁지에 몰렸다는 사실이 명백해 보였다.

그러면 엘리사가 이렇게 기도했던 이유는 무엇이었을까? 하인이 살아계신 하나님의 천군이 아람 군대를 에워싸고 있음을 보지 못했기 때문이다!

"여호와께서 그 청년의 눈을 여시매 그가 보니 불말과 불병거가 산에 가득하여 엘리사를 둘렀더라" 6:17. 엘리사와 하인은 하나님의 영광과 권능으로 타오르는 그분의 군대에 둘러싸여 있었다.

우리도 마찬가지다. 때로는 상황이 우리를 더욱 옥죄어 온다. 원수의 군대가 밤새 주변을 완전히 둘러싼 것 같은 상황이다. 온 세상은 위협과 비난, 전쟁 위기와 혐오로 가득하다. 하지만 이는 우리가 처한 이야기에서 그저 절반일 뿐이다. 지금 원수는 우리 식탁에 앉아 반쪽짜리 이야기를 계속 늘어놓으려 한다. 우리 삶이 파탄 났으며, 아무 가망 없다는 사실을 믿으라며 말이다.

그러나 성령님은 우리 안에서 이렇게 중보하신다. "주여, 이 사람의 영적인 눈을 열어주소서. 믿음의 눈으로 세상을 바라보게 하소서."

하나님은 우리를 에워싼 모든 사람과 환경을 이미 둘러싸고 계신다. 그러니 당신의 식탁에 원수를 앉히지 말라.

어디에 있기를 원하는가?

마침내 셸리에게 청혼하기로 결심했을 때, 나는 포트워스에 머물다가 크리스마스 휴가를 맞아 애틀랜타의 가족에게 돌아가던 중이었다. 셸리도 우리와 며칠간 함께 보내려고 휴스턴에서 애틀랜타로 오고 있었다. 당시 내게는 청혼 반지가 필요했다.

가난한 대학원생이었던 나는 적당한 다이아몬드를 구하려고 애를 썼다. 그러다 친구에게 댈러스의 한 도매상을 소개받고 한숨을 돌렸다. 나는 가진 돈을 거의 다 털어 보석을 샀다. 보석상에서 다이아몬드 반지를 사면, 예쁜 벨벳 소재의 케이스에 담아 포장해준다. 하지만 수입 도매업체에서 보석을 구입할 경우, 그저 몇 겹의 종이에 대충 둘러싼 채 받아오게 된다! 즉, 그것은 선물 포장되지 않은 상태였다.

며칠 후, 나는 셸리 앞에 무릎을 꿇고 마침내 세팅된 다이아몬드 반지를 내밀면서 평생 동반자가 되어달라고 했다. 당시 나는 가장 값진 소유물을 그녀에게 기꺼이 바쳤다. 셸리가 나에게 그만큼 귀한 사람이었기 때문이다.

이처럼 하나님도 우리 앞에 아름다운 식탁을 준비하고 계신다. 그곳에서 우리를 기다리시는 주님은 지극히 놀라우신 분이다. 예수님은 어떤 심부름꾼을 대신 보내 '너는 귀한 존재'라고 하지 않으셨다. 자신이 직접 이 세상에 오셔서 대가를 치르고 우리를 구원하셨다. 예수님 자신이 우리 상급이며, 그분은 우리와 함께하시려고 (말 그대로) 영원의 시간을 기다리셨다. 이제 주님은 맞은편에 앉아 우리가 진실로 가치 있는 존재임을 말씀하신다.

원수는 우리 귓가에 계속 이렇게 속삭인다. "너는 똑똑하지도, 강하지도 않아. 외모와 배경은 초라하고, 그저 평범하고 하찮은 존재일 뿐이지." 그때 눈을 들어 왕이신 주님을 바라보라. 그분은 이렇게 말씀하신다. "딸(아들)아, 너와 함께 이 식탁에 있는 것보다 내게 더 좋은 일은 없단다." 주님의 말씀에는 참된 생명이 담겨 있으며 요 6:68, 그 음성은 하늘에서 우레처럼 울려 퍼진다 시 68:33. 주님의 말씀은 원수의 모든 거짓말을 몰아낸다. 그분의 은혜로, 이제 당신은 식탁에서 들려오는 온갖 목소리들을 다스리고 마귀를 물리칠 수 있다. 원수는 주님의 이름 앞에서 도망칠 수밖에 없기 때문이다.

5

죄의
나선 구조

삶에는 조정이 필요하다.

지난 10년 동안, 나는 어번 대학 미식축구팀 교목인 친구 쳇 윌리엄스와 함께 사역하는 특권을 누렸다. 나는 이 팀을 어린 시절부터 좋아했다. 쳇이 선수와 코치, 스태프들을 섬기고 격려하는 모습을 옆에서 지켜보면서, 나는 오랜 꿈이 성취되는 느낌을 받았다. 이 젊은 선수들의 기쁜 날과 궂은 날을 함께하는 것은 큰 영광이었다.

내 역할은 그 팀의 든든한 친구이자 서포터가 되는 것이었다. 나는 미식축구를 낱낱이 알고 싶었기에, 하프타임에 라커룸에 모인 선수들과 코치들 옆에 있는 것이 특히 좋았다. 관중석에 앉아 있을 때는 응원하는 팀의 속사정을 제대로 알 수 없다. 좋아하는 선수가 몇십 야드를 전진했다거나, 전반전에 팀이 세 차례나 터치다운을 성공시킨 일만 떠올리면서 승리를 예상하고 즐거워할 뿐이다. 하지만 라커룸에 있을 때는 팀 전술이 강력히 조정되는 모습을 본다.

코치들은 여러 각도에서 시합을 지켜본다. 팀의 공격과 수비 패턴을 늘 주시하며, 팀의 전술 매뉴얼을 숙지하고 있다. 또 코치들은 상대 팀의 이전 경기 영상을 수없이 돌려보면서 연구한다. 그들은 상대 팀이 다양한 상황에서 보이는 특징들을 알며, 경기의 큰 그림을 헤아리고 있다.

전반전이 끝나면, 선수들이 라커룸으로 뛰어 들어온다. 잠시 물과 간식을 섭취한 뒤, 본격적인 작업이 시작된다. 공격진과 수비진이 방 양편에 모이고, 코치들은 벽에 슬라이드를 띄우거나 화이트보드에 팀 조직도를 그린다. 그런 다음에 한 코치가 일어서서 이렇게 말한다. "자, 우리가 XYZ 작전을 펼 때마다 저 팀은 ABC 방식으로 막고 있어. 저들은 두 명을 여기, 한 명을 저기 세워 놓고는 이쪽으로 달릴 듯이 움직이지. 하지만 실제로는 저쪽으로 뛰고 있어. 그래서 우리가 계속 막히는 거야. 이제 이렇게 하자. 저들이 ABC 수비를 할 때마다, 우리는 123 작전을 취하는 거야. 전반전에는 그렇게 했지만, 후반전에는 이렇게 바꿀 거야."

좋은 코치들은 팀 경기 방식을 이렇게 조정하는 데 능숙하며, 승리는 대개 이런 과정을 통해 찾아온다.

여기서 잠시 생각해보자. 우리는 하나님 형상으로 지음받았으며, 그분의 뜻 안에서 위대한 삶으로 부르심을 입었다. 우리는 하나님의 작품이자 왕이신 그분의 자녀들이다. 하나님은 우리가 모든 장애물을 떨쳐버리고 그분이 주신 잠재력을 온전히 실현하는 삶을 살기를 바라신다. 이제 우리는 참된 승리를 소망하면서, 하나님 앞에서 다음 질문들을 진지하게 살펴야 한다. "나를 향한 적의 압박은 어떤 식으로 다가오고 있지? 지금 원수는 나를 상대로 어떤 일을 꾸미는 중인가? 내 삶을 어떻게 조정하면 좋을까?" 이 일들을 진지하게 숙고할 때, 우리는 마음의 싸움에서 승리할 수 있다.

우리에게 하프타임이 필요한 이유

지금은 조정의 시간이다. 식탁에 원수가 앉아 있는 건 아닌지 진지하게 돌아보아야 한다. 앞서 살폈던 시편 23편 약속을 떠올려보라. 예수님은 원수들의 목전에서 상을 차려주신다. 온갖 삶의 압박이 우리를 짓누르지만, 전능하신 하나님은 그런 상황 속에서도 우리를 그분의 식탁으로 초대하셨다. 그러나 마귀의 유혹에 넘어갈 때, 원수는 하나님과 당신만을 위한 식사 자리에 끼어든다.

이제 원수는 당신 앞에 놓인 풍성한 생명의 양식을 집어삼키기 시작한다. 이를테면 당신의 점심을 빼앗아 먹는 것이다. 그리고 당신은 죄와 죽음의 길을 걷기 시작한다.

이 죽음은 영적인 성격을 띤다. 이는 신자들이 영원한 정죄 아래 놓인다는 뜻이 아니다. 하나님과 누려야 할 깊고 친밀한 교제가 깨어진다는 말이다. 성경은 아무것도 우리를 하나님의 사랑에서 끊을 수 없음을 분명히 한다 롬 8:38-39. 하지만 이 땅에서 신자들이 그릇된 마음을 품는다면, 하나님과 점점 더 멀어질 수도 있다. 마귀가 식탁에 앉을 때, 우리 마음은 죄로 가득 차고 양심이 손상되며 주님과의 화목한 관계가 망가지고 만다. 이때 우리는 마음의 평안과 기쁨을 빼앗기고 자신감과 활력을 잃는다. 관계에는 긴장감이 깃들고, 결국 하나님이 주신 잠재력을 온전히 발휘할 수 없다.

나아가 이때 당신의 생각과 감정은 죄의 유혹과 결합해 일종의 나선 구조(악순환)를 형성한다. 당신도 사람들이 똑같은 죄를 반복해서 짓는 모습을 보았을 것이다. 그런 모습이 당신의 삶 속에서 드러나기 시작한다. 그 악순환은 때로는 여러 세대에 걸쳐 나타난다. 조부모의 해로운 행동 방식과 태도가 당신의 부모에게 전해지며, 이제 당신과 자녀들의 삶 속에서도 드러난다. 그리고 개인적으로도 삶이 힘들어지면 우리는 그것이 해롭다는 것을 알면서도 익숙한 죄로 돌아간다. 이 중 어떤 경우든, 악순환의 고리를 끊어야 한다. 우리는 이 나선 구조의 작동 방식을 제대로 파악해야 한다. 그래야 원수의 계략들에 맞서 싸울 수 있다 고후 2:11.

이 죄의 나선 구조가 작동하기 시작할 때, 하나님께 속하지 않은 생각이나 유혹이 우리 마음속에 들어온다. 이때 우리는 그런 생각을 즉시 멈추고, 그 실체를 파악해야 한다. 마음 속에 해로운 생각이 찾아온다면, 이는 하나님이 행하신 일이 아니다. 그것은 원수에게서 온 것들이며, 그는 종종 우리의 욕망을 이용해서 우리를 망가뜨린다.

그러면 마귀의 작업은 어떻게 이루어질까? 야고보는 이 나선 구조의 모습을 이렇게 묘사한다. "사람이 시험을 받을 때에 내가 하나님께 시험을 받는다 하지 말지니 하나님은 악에게 시험을 받지도 아니하시고 친히 아무도 시험하지 아니하시느니라. 오직 각 사람이 시험을 받는 것은 자기 욕심에 끌려 미혹됨이니 욕심이 잉태한즉 죄를 낳고 죄가 장성한즉 사망을 낳느니라" 약 1:13-15.

우리는 스스로의 욕심에 끌려 미혹된다. 원수의 은밀한 계획은 당신의 삶을 무너뜨리는 데 있다. 우리는 그저 중립적인 위치에 머물며 진공 상태로 살아갈 수 없다. 지금 우리는 치열한 전쟁터에 있기 때문이다. 야고보 말씀처럼, 원수는 우리의 욕망을 이용해서 공격해온다. 우리 마음속에는 하나님의 형상이 새겨져 있으며, 마귀는 하나님을 깊이 증오하기에 그분의 형상이 새겨진 모든 것을 파괴하려 한다. 우리는 이 점을 늘 기억해야 한다!

마귀는 당신의 꿈을 앗아가고, 하나님이 주신 삶의 목적들을 좌절시키려 한다. 마귀는 당신의 자존감과 자신감, 희망을 무너뜨리고자 한다. 그는 당신의 결혼 생활을 파괴하며 자녀들과의 관계를 약화시키려 한다. 그는 당신의 평판을 망쳐 놓고, 이를 통해 그리스도의 이름까지 깎아내리려 한다. 마귀는 충분한 여유를 갖고 냉혹하게 이런 일들을 착착 실행해나간다. 이를 위해, 마귀는 당신의 마음속에 하나님의 선하신 뜻과 상충하는 생각을 심고 그것을 점점 더 자라가게 한다.

하지만 원수의 공격을 너무 두려워하거나 피해의식에 사로잡힐 필요는 없다. 요한일서 4장 4절 말씀처럼, "〔우리〕 안에 계신 이가 세상에 있는 자보다 크〔시기〕" 때문이다. 이 구절을 꼭 기억하라. 당신 삶에서 일어나는 모든 나쁜 일이 마귀에게서 직접적으로 온다고 생각하면서 마귀에게 지나치게 집착하지 않기를 바란다. 당신이 아침에 출근하려고 운전석에 앉았는데 시동이 걸리지 않았다고 하자. 이때 사탄을 쫓아내려 애쓴다고 해서 상황이 호전되지는 않는다. 필요한 것은 단지 방전된 배터리를 되살리는 데 필요한 점퍼 케이블일 뿐이다.

그렇다고 세상을 그저 중립적인 곳으로 여기면서 영적인 분별력을 상실한 채로 살아서도 안 된다. 원수 마귀가 늘 우리를 노리고 있기 때문이다. 그는 우리를 철저히 파멸시키려는 목표 아래, 머릿속에 해로운 생각을 계속 주입하려 든다. 그의 가장 큰 무기 중 하나는 제대로 통제되지 않는 육신의 생각이다. 우리는 이런 생각을 멈추어야 하며, 영적인 하프타임이 필요한 이유도 여기에 있다.

낚시꾼은 바늘을 감추고
미끼를 잘 보이게 한다

처음에는 죄가 그렇게 좋아 보인다. 때로는 실제적인 도움이 되기까지 한다. 그렇기에 직면한 압박감을 우리 마음속에 찾아오는 유혹적인 생각들로 해결하려고 한다. 하지만 조심해야 한다.

에스겔서 28장 12-17절에 따르면, 사탄은 원래 높은 직급의 천사였으나 하나님께 반역한 뒤 하늘에서 추방되었다. 이사야서 14장 12절은 그가 쫓겨나는 장면을, 별이 땅으로 떨어지는 모습으로 묘사한다. 대적을 가볍게 여겨서는 안 된다. 그는 늘 우리를 속이고 그릇된 길로 꾀어낸다. 마귀는 모든 피조물 중에 "가장 간교〔한〕" 존재다 창 3:1. 그는 실로 교묘하고 사악하며 기만적이다. 마귀는 영적인 야바위 게임(엎어 놓은 컵들 아래에 구슬을 숨기고 위치를 알아맞히는 놀이—옮긴이)을 벌인다. 처음에는 당신 앞에 그럴싸한 목표를 보여준 뒤, 꾐에 넘어가면 살짝 방향을 바꾸어 멸망의 길로 끌어가는 것이다. 그리하여 우리는 패배자가 된다.

마귀는 "이제 너를 파멸시킬 거야!"라고 큰소리로 외치면서 찾아오지 않는다. 1년 뒤에 가장 신뢰했던 지인들을 다 잃고 외로이 셋방을 전전하게 될 모습을 미리 보여주거나, 우리를 어떻게 파멸시킬지에 대한 계획을 단계별로 설명하지 않는다. 그는 우리 마음속에 은밀히 침투해 유혹의 미끼를 던진다. 이는 마치 낚시질과 같다.

우리가 낚시할 때, 보트를 타고 호수 한가운데로 이동하면서 나팔을 불어대진 않는다. "자, 주목, 물고기들! 잘 들어. 이제 배 옆으로 날카로운 바늘이 달린 낚싯줄을 던질 거야. 너희는 그 바늘을 물어야 해. 그러면 나는 낚싯줄을 힘껏 당겨서 건져 올리고, 펜치로 그 바늘을 비틀어서 너희 입에서 빼낼 거야. 바늘 끝은 뾰족하게 구부러져 있으니 너희 주둥이는 엉망이 되겠지. 그러고는 너희를 아이스박스에 넣어 호숫가로 이동할 거야. 그곳에서 너희 비늘을 긁어내고 내장을 손질한 다음, 버터를 두른 팬에 구울 거야. 혹시 질문 있나? 좋아, 시작한다!"

낚시할 때 우리는 아주 치밀해진다. 수온과 풍속을 체크하고, 호수 위에 드리운 그늘 형태를 살핀다. 다른 낚시꾼들과 의논한 뒤, 도구 상자에서 호수와 어종 특성에 맞는 미끼를 고른다. 낚싯바늘은 눈에 잘 띄지 않고, 경계심을 일으킬 만한 모양도 아니다. 이에 반해, 미끼는 밝은 색깔로 반짝인다. 그 미끼들은 물속에서 빙글빙글 돌면서 물고기들 앞에 이런 메시지를 던진다.

"공짜 점심이다!"

"여기 멋진 게 있어!"

낚시꾼은 물고기들을 유혹하며 안달 나게 만들려고 갖은

애를 쓴다. 그는 물고기들이 눈과 입을 크게 벌린 채로 화려한 미끼가 있는 곳에 몰려들기를 바란다. 낚시꾼은 낚싯바늘을 애써 감추고, 미끼만 계속 보여준다. 그의 목표는 오직 송어가 미끼를 덥석 물게 하는 데 있다.

마귀는 영적인 유혹의 낚싯대를 잡고 있다. 그 미끼들을 늘 주의해야 한다. 원수의 유혹과 나쁜 생각들이 우리 앞에 닥쳐올 때, 상당히 그럴듯해 보인다. 처음에 마귀는 무언가 선한 것을 약속한다. 그는 해답과 위로를 보증하면서 이렇게 속삭인다. "이런 생각은 네가 지칠 때 새 힘을 주고, 사방이 막힐 때 피할 길을 보여줄 거야. 또 비참할 때 안도감을 주고, 억울함과 분노에 차 있을 때 완벽한 정의를 실현하게 해주지. 네가 외롭고 고독할 때, 최상의 벗이 될 거야."

전부 거짓말이다.

그 선한 것과 해답, 위로와 안도감, 정의와 우정에 대한 약속들은 모두 거짓되고 무의미하다. 죄는 우리의 벗이나 동지가 아니다. 죄는 우리 편이 아니며, 든든한 서포터가 되지도 않는다. 죄는 마법의 묘약이 아니다. 그것은 한낱 신기루와 같아서, 약속을 남발하면서도 실제로 지키지는 않는다.

원수는 거짓말과 유혹을 통해 우리 삶 속에 역사하며, 이행할 수 없는 것들을 약속한다. 그는 하나님의 진리에 도전하며, 그분의 성품과 의도를 공격한다. 마귀는 우리 귓가에 이렇게 속삭인다. "하나님이 너를 일부러 막으시는 게 분명해.

그분을 믿지 마." 그는 하와도 이런 식으로 유혹했었다. "네가 이 열매를 먹으면 눈이 밝아져서 하나님과 같이 될 거야." 원수는 인간의 기본 욕구에 호소한다. 우리는 모두 다른 이들의 사랑과 인정을 받으며 만족감과 성취, 행복을 누리는 삶을 갈망하기 때문이다. 그는 계속 미끼를 내밀면서 이렇게 유혹한다. "이게 네 욕구를 채워줄 거야. 한 입 먹어봐. 너는 행복해질 자격이 있어."

여기에 더해 원수는 종종 다른 사람들을 이용해 조급한 선택을 부추기기도 한다. 우리가 멍청한 짓을 하는데도 옆에서 레드 카펫을 깔아주는 친구들이 있다면 갈라설 필요가 있다. 그런 친구들과의 교제는 엉뚱한 사람들과 같은 엘리베이터를 탄 것과 같다. 그들은 하나님께로 나아가는 것을 방해하고, 자신이 살고 있는 패배의 지하실로 끌고 내려간다. 그들은 외롭고 비참한 자신의 삶을 견디지 못하고, 주위 사람들 역시 그렇게 살길 바란다.

원수의 거짓말에 속지 말고, 그 미끼를 좇지 말라. 당신의 식탁에 그를 앉혀서는 안 된다.

실상은 지옥으로 직행하는 길

나쁜 생각이나 유혹이 우리 마음속에 찾아올 때, 그 일

자체가 죄인 것은 아니다. 예수님도 유혹을 받으셨다. 마귀는 주님의 마음속에 사악한 생각을 집어넣으려 했으며, 광야에서 실제로 그분에게 말을 걸었다 마 4:1-11. 이때 주님은 원수의 말을 들으셨지만, 결코 그 제안에 동의하지 않으셨다. 이처럼 악한 생각과 유혹이 마음속에 들어올 때, 우리 앞에는 선택지가 있다. 우리는 그 생각을 단번에 떨쳐버리거나 남몰래 즐길 수 있다. 여기서 전자를 택한다면 아무 문제가 없다. 하지만 후자를 택한다면, 마귀가 우리 식탁에 앉게 된다. 그 나쁜 생각을 계속 간직할 때, 우리는 결국 죄를 짓고 만다.

예수님은 산상 수훈에서 이 진리를 가르치셨다. 당시 많은 이들이 그릇된 생각을 품고 살면서도, 그대로 행동에 옮기지는 않으니 괜찮다고 생각했다. 하지만 마태복음 5장 21-22절과 27-28절에서, 예수님은 이런 관념을 철저히 무너뜨리셨다. 그분의 말씀은 이런 뜻이었다. "너희는 실제로 사람을 죽이지만 않으면 된다고 여긴다. 하지만 과연 그럴까? 너희가 누군가를 죽이고 싶을 정도로 미워한다면 … 그 일은 살인과 다름없다. 너희는 배우자가 아닌 사람과 실제로 침대에 들지만 않으면 된다고 생각할지 모른다. 하지만 정말 그럴까? 누군가와의 부정한 관계를 상상할 때, 너희는 마음속으로 그 사람과 죄를 짓는 것이 된다."

악한 생각은 악한 행동만큼 나쁘다. 사람들은 흔히 그대로 실행하지 않으면 죄가 아니라고 여기는 경향이 있다. 하지만 그런 생각 자체도 하나님의 영광에 미치지 못한다는 점을 알아야 한다. 그릇된 생각을 품을 때, 하나님과의 관계가 흐트러지기 때문이다. 그런 생각들은 우리 마음을 사로잡아 어긋난 길로 가게 만든다. 이에 관해, 로마서 12장 2절은 이렇게 경고한다. "너희는 이 세대를 본받지 말고 오직 마음을 새롭게 함으로 변화를 받아 하나님의 선하시고 기뻐하시고 온전하신 뜻이 무엇인지 분별하도록 하라."

두려운 사실은 이것이다. 해로운 생각들이 우리 마음속에 자리 잡을 때, 결국 마귀의 유혹을 좇아 행동으로 나타난다.

이는 정말 그러하다.

사람들은 흔히 나쁜 생각이 늘 나쁜 행동으로 이어지지는 않는다고 믿는다. 하지만 내 생각은 다르다. 나쁜 행동은 언제나 그런 생각들에서 시작된다. 그리고 나쁜 생각이 오래 지속되면, 그것은 틀림없이 나쁜 행동을 낳는다. 우리는 그런 생각들을 속히 멈추어야 한다. 그렇게 하지 않으면 결국 마음의 싸움에서 지고 만다.

때로 우리는 그동안 생각해온 악한 일들을 실제 행동에 옮긴다. 그리고 어떤 때는 죄악 된 선택에 대한 마음의 태도가 바뀌기도 한다. 이때에는 서서히 죄를 금기시하지 않게 된다. 이 중 어떤 쪽이든, 악한 생각은 우리 삶에 부정적인 영향을 끼친다. 누군가와의 불륜을 계속 상상할 때, 당신은 언젠가 그 일을 실제로 범하게 될 것이다. 아니면 그 생각에 거듭

몰두한 후에, 간음이 그다지 나쁜 것은 아니라고 결론 내릴지도 모른다. 이때 원수는 이렇게 속삭인다. "그 일은 네게 새로운 기회를 열어줄 거야. 문제투성이인 네 결혼 생활의 해답은 오직 거기에 있어." 전부 거짓말이다.

죄는 보통 일시적으로 기분을 좋게 하므로 원수의 미끼가 위험한 것이다. 잠시 이 문제를 다루어보자. 오늘날 교회는 이 일에 대한 경고를 자주 생략하지만, 마귀의 책략을 간파하려면 이 내용을 꼭 짚고 넘어가야 한다. 적어도 잠시 동안, 죄는 우리에게 즐거움을 줄 수 있다. 잠언 14장 12-13절은 이 점을 분명히 드러낸다. "전혀 해롭지 않아 보이는 삶의 방식이 있지만, 실상 그것은 지옥으로 직행하는 길이다. 즐겁게 살아가는 듯이 보여도, 그 웃음은 결국 깊은 비탄으로 끝날 것이다."메시지. 여기에 동의하는가? 이 잠언 구절은 오늘날 많은 이들이 방탕한 주말을 보내고 나서 겪는 일을 잘 보여준다. "우리는 실컷 웃고 떠들면서 멋진 시간을 보냈어요. 하지만 다음 날 아침에는 기분이 너무 비참했지요."

모세는 이집트 공주의 아들로 자랐다. 그에게는 그곳 왕궁에서 온갖 삶의 특권을 누릴 기회가 있었다. 하지만 히브리서 11장 25절에 따르면, 모세는 "잠시 죄악의 낙을 누리[지]" 않는 쪽을 선택했다. 정반대되는 방향으로 나아갔다. 죄의 쾌락들이 실로 덧없는 것임을 알았기 때문이다. 그 쾌락들은 하나님을 영화롭게 하는 길로 인도하지 않으며, 우리에게 마음의 평안과 성취감을 가져다주지도 않는다. 그 쾌락들은 우리를 깊은 상처와 분리, 좌절과 수치의 자리로 이끌어간다.

이것이 마귀의 작전이다. 그는 당신 눈앞에 미끼를 가져다 댄다. 당신은 그 미끼를 덥석 물지만, 처음에 약속받았던 결과를 얻지 못한다. 오히려 수치와 분리, 파멸로 내리닫는 죄의 소용돌이 속에 갇히고 만다.

유혹에서 정죄로: 악순환의 진전

때로 사람들은 교회에 가면 죄책감을 느끼기 때문에 예배에 참석하기 싫다고 말한다. 하지만 그저 설교자의 말 때문에 그런 감정에 빠지는 것이 아니다. 문제의 원인은 자신에게 있다. 하나님은 그분을 닮은 존재로 우리를 지으셨다. 그리고 죄를 범하면 우리 영혼이 심히 부정적인 영향을 받는다. 이는 하나님이 원래 의도하셨던 모습에 미치지 못했기 때문이다. 우리는 종종 자신을 돌아보면서 깊은 좌절에 빠지고, 이를 갈면서 이렇게 중얼거린다. "이런, 내가 또 그런 짓을 하다니 믿을 수가 없어. 또 그곳에 갔다는 게 믿기지 않아."

이때에는 미칠 듯한 죄의 나선 구조가 작동한다. 처음에 우리는 일종의 상실감을 느끼거나 어떤 문제에 부딪힌다. 별로 기분이 좋지 않은 상태에서 위안거리를 찾으며, 이때 원수는 그 곁을 배회하다가 얼른 작전을 실행한다. 우리는 그가 가져다둔 금단의 열매를 발견한다. 상태가 그리 나쁘지 않아 보인다. 우리는 잠시 '저 과일을 먹어 볼까?' 하고 생각하며, 애초에 하나님이 저 열매를 금하신 이유는 무엇인지 의아해한다. '어쩌면 하나님은 처음부터 나를 사랑하지 않으셨을지도 몰라.' 결국, 우리는 그 생각을 행동에 옮기기로 하고, 과일을 한 입 베어 문다. 그 순간에는 맛이 참 달콤하게 느껴진다. 하지만 과일 조각이 목구멍 아래로 내려가는 동안, 우리는 자신이 벌거벗었음을 느끼고 깊은 수치심에 시달린다.

이제 시작점으로 되돌아왔다. 우리는 여전히 상실감과 문제에 시달리며, 침울했던 기분도 그대로다. 그런데 이제는 자신이 범한 일로 인한 수치심 때문에 마음이 더욱 비참해졌다. 이전보다 더 깊은 괴로움을 느낀다.

이 악순환 패턴을 정리해보자. 당신의 기분이 울적해 죄를 짓는다면, 지금의 고통은 내일 아침에도 여전히 남아 있을 것이다. 다만 그 강도는 더 심해질 뿐이다. 직장 상사에게 쓴소리를 들으면 물론 마음이 상한다. 하지만 그 상태를 떨쳐버리려고 술을 퍼마시면 어떻게 될까? 다음 날 아침에도 마음의 상처가 그대로일 뿐 아니라, 심한 숙취와 두통에 시달리게 될 것이다.

그 비참한 순간에, 대개 악순환의 고리가 한 번 더 이어진다. 우리가 죄를 짓고 심한 자괴감과 수치심을 느낄 때, 원수는 전술을 변경한다. 그 이전까지 마귀는 귓가에 이렇게 속삭여왔다. "저 열매 보이지? 한번 먹어봐. 아주 맛있어 보이지 않아? 이제껏 하나님이 이 열매를 못 먹게 하신 건 참 고약한 일이야. 아니, 실은 이 열매를 먹으면 안 된다고 하시지 않았을 거야. 내가 약속할게. 이 열매만 먹으면 네 문제가 다 해결될 거야." 그러나 당신이 그 열매를 먹고서 죄책감과 좌절, 수치심에 휩싸이는 순간, 원수는 즉시 태도를 바꾼다. 이전에 달콤한 목소리로 유혹하고 거짓 약속을 늘어놓던 그는 갑자기 거센 비난과 정죄를 퍼붓기 시작한다.

이제 마귀는 우리를 공격하는 일에 전념한다. 그는 자기가 본 이들 중에 우리가 가장 멍청하다고 떠들어댄다. 그에 따르면, 우리는 그리스도인 중에서도 가장 어리석고 비참하다. 그는 우리 귓가에 다음의 말들을 쉴 새 없이 지껄인다. "세상에서 가장 무능한 그리스도인이 있다면, 그건 너야. 너는 가망 없는 실패자고, 인생을 완전히 망쳤어. 하나님은 너를 몹시 싫어하고 언짢아해. 이 멍청이야! 이번에 너는 너무 멀리 갔어. 다시는 돌아오지 못할 거야. 네가 한 짓을 한 번 읊어볼까? 너는 참 웃길 정도로 한심하고 딱한 녀석이야."

우리는 마귀가 자주 비난을 쏟아낼 때도 내버려둔다. 자신이 행한 일을 알기 때문이다. 그렇기에 원수의 말을 들으며 힘없이 고개를 숙인다. 한때 거짓 약속으로 유혹했던 그는 이제 거센 비판으로 우리를 무너뜨리며, 우리는 어쩔 수 없이

그 말을 받아들인다. '그 말이 맞아. 내가 또 일을 다 망쳤어. 나는 정말 한심한 인간이야.'

아니다! 우리는 마귀를 대적해야 한다. "그만해! 이게 좋은 생각이라고 나를 꾄 건 너야. 이제 너와는 끝이야. 나는 하나님의 자녀이고 새로운 피조물이야. 내가 죄를 지었더라도, 이 사실은 변하지 않아." 마귀는 우리를 비난하는 동시에 정죄하며, 이 정죄는 우리에게 극심한 타격을 준다. 마귀는 다음과 같이 심판을 선언한다. "너는 쓸모없는 존재야. 다 끝났어. 너는 완전한 실패자야. 네 삶은 아무 의미나 가치가 없어. 미래도 없어." 정부 관리들이 오래된 건물을 부수기 전에 그 가치를 깎아내리는 모습을 본 적이 있는가?

원수가 우리에게 행하는 일이 그것이다. 그는 우리 삶을 하나의 돌무더기로 만들어버리려 한다. 그는 우리를 비난하고 정죄하며, 이를 통해 파멸시키려 든다. 이제 그는 기쁨으로 손을 비비면서 말한다. "저 작고 연약한 그리스도인이 또 죄를 지었구만. 철거 시작하자고!"

한 가지 좋은 소식이 있다. 우리 죄를 대하는 하나님과 사탄의 태도 사이에는 큰 차이가 있다는 것이다. 원수는 우리를 정죄하고 무너뜨리려 들지만, 하나님은 우리에게 유죄 판결을 내리신다. 이 두 행위 사이에는 거대한 차이가 있다. 마귀의 정죄는 지옥의 증오에서 나오지만, 하나님의 판결은 그분의 깊은 사랑에서 시작되기 때문이다.

하나님이 허물을 드러내실 때

우리가 죄와 씨름할 때, 하나님은 그 문제를 덮어두지 않으신다. 우리 허물을 드러내어 유죄로 판결하신다. 주님이 이렇게 행하시는 이유는 우리를 아끼시기 때문이다. 그분은 우리를 너무도 사랑하시기에, 우리가 그릇된 길로 계속 치닫는 것을 바라지 않으신다.

우리는 때로 자기 생각이 악함을 깨닫고 회개할 필요성을 느낀다. 이런 깨달음은 하나님이 주시는데, 그분이 우리 회복을 원하시기 때문이다.

이에 반해 자신이 무가치하며 이쯤에서 모든 일을 내려놓는 것이 낫다고 느끼거나 자신을 가망 없고 완전한 실패자로 여길 때가 있다. 이런 생각들은 가장 큰 원수인 마귀에게서 온다. 우리는 옳은 목소리에 귀를 기울이도록 늘 주의해야 한다. 하나님과 사탄의 목소리는 다음과 같이 서로 다르게 나타난다.

사탄의 정죄는 죄책에서 비롯되지만,
하나님의 판결은 은혜에서 나온다.

사탄의 정죄는 죄를 숨기라고 하지만,
하나님의 판결은 죄를 고백하도록 이끈다.

사탄의 정죄는 후회를 낳을 뿐이지만,
하나님의 판결은 참된 회개로 인도한다.

사탄의 정죄는 재헌신을 촉구하지만,
하나님의 판결은 온전한 항복을 요구한다.

사탄의 정죄는 미래의 실패로 이어지지만,
하나님의 판결은 참된 변화로 나아가는 지름길이다.

나는 '재헌신'rededications이 일종의 규범과도 같았던 문화 속에서 자라났다. 당신도 그랬을지 모르겠다. 이 말이 익숙하지 않은 독자들을 위해, 그 시절 교회 집회나 수련회에서 흔히 볼 수 있었던 모습을 소개한다.

당시에는 설교가 끝나면, 음악에 맞추어 성가대가 찬송을 불렀다. 그러고는 설교자가 누구든지 구원받기를 원하면 앞으로 나오라고 초청했다. 잠시 기다린 뒤 아무도 나오지 않으면 다시 음악이 이어지고 성가대가 노래했다. 그리고 설교자는 다시 누구든지 하나님께 자기 삶을 '다시 헌신'하려는 이는 앞으로 나오라고 초청했다. 이때는 대개 몇몇 사람들이 그 부름에 반응해 강단 앞에 나와 섰다. 그리고 수련회 마지막 밤에는 많은 사람이 강단 앞에 모여 눈물로 기도하곤 했다.

이 재헌신 초청에는 좋은 의도가 담겨 있었다. 설교자들은 누구나 그릇된 길로 갈 수 있지만, 하나님 은혜로 두 번째 기회가 주어짐을 믿었다. 우리가 죄를 범하더라도 늘 소망이 남아 있는 것은 하나님께로 돌아올 수 있기 때문이다. 삶을 재헌신하려고 강단 앞에 나아온 이들은 그분의 자비를 찾고 의지했다. 하나님을 믿지만 죄를 짓고 그분의 영광에 미치지 못하는 삶을 살았기 때문이었다. 이제 그들은 회개하는 마음으로 회복을 간절히 구했으며, 이는 분명 좋은 일이었다.

하지만 나는 이런 재헌신 관습을 좋아하지 않는다. 그 이유는 무엇일까? 당시 나는 여러 번 강단 앞에 나가서 하나님 앞에서 이번이 마지막이라고 약속했다. 순간의 감정에 휩싸여, 어떻게든 자기 삶의 이야기를 스스로 변화시킬 힘이 있다고 믿었던 것이다. 나는 그런 예배나 집회에 자주 참석했으며 수련회도 여러 번 다녀왔다. 나는 종이에 내 죄들을 적어 모닥불에 던지거나 집회장에 세워진 십자가에 못 박았다. 막대기로 모래 위에 선을 긋고, 그리스도께서 죄의 멍에를 꺾으셨던 것처럼 그 막대기를 꺾어버리기도 했다.

당신도 이렇게 해본 적이 있는가? 집회나 수련회장이 아니었을지도 모른다. 방 안에서 홀로 무릎 꿇고 이렇게 기도했을 수도 있다. "주님, 이번만 용서해주시면 다시는 죄를 짓지 않겠습니다." 그리고 당신은 자리에서 일어서면서 안도의 한숨을 내쉬었다. 자기 삶을 하나님께 '재헌신'했기 때문이다. 하지만 그다음 주에도 당신은 다시 무릎 꿇고 간구한다. "주님, 지난번에 짓지 않겠다고 말씀드린 죄를 또 지었어요. 하지만 지금은 그때와 다릅니다. 약속드릴게요. 이번에는 정말 진심입니다. 한 번만 더 용서해주시면, 다시는 그런 일을 범하지 않을게요. 맹세합니다."

나의 어린 시절을 형성했던 교회 문화를 깎아내리려는 게 아니다. 다만 그 '재헌신' 관습을 다시 생각해보자는 것이다. 우리가 그 악순환 패턴을 반복하기가 너무 쉽기 때문이다. 우리는 죄를 짓고 난 뒤, 앞으로는 달라질 것을 하나님 앞에 약속한다. 이를 악물면서 용서를 구하고, 다시는 그러지 않겠다고 다짐하는 것이다. 그런 다음에 우리는 다시 범죄하고 만다. 이때 우리는 다시금 일어나서 자기 죄를 고백하고 하나님께 삶을 재헌신한다. 우리는 그분 앞에 이렇게 부르짖는다. "하나님, 약속드릴게요. 맹세하고 다짐합니다. 서약합니다. 제 말을 믿으셔도 됩니다. 이번이 마지막이에요. 정말입니다!"

이런 재헌신 관습은 '다시는 죄를 짓지 않겠다'라는 실현 불가능한 약속과 결부되어 있다. 이 관습의 큰 문제점은 그 속에 자신의 노력만으로 삶을 잡아보겠다는 의지로 가득하다는 것이다. 우리는 하나님 앞에서 이런저런 것들을 맹세하고 다짐하며, 이제는 달라질 것을 약속한다. 하지만 안타깝게도, 이런 우리의 약속에는 지속적인 변화를 가져올 힘이 없다. 그리고 여기서 큰 문제가 닥친다. 이런 재헌신 과정을 너무나 자주 반복한 나머지, 우리는 마침내 변화될 수 있다는 소망마저 잃어버린다. 결국, 아무것도 달라지지 않는다고 믿게 되는 것이다. 이때 우리는 복음에 어떤 문제가 있거나, 자기가 구제 불능이 분명하다고 결론짓는다.

이 지점에서 많은 그리스도인이 교회를 등지고 떠난다. 그들은 이렇게 생각한다. '믿음은 아무 소용이 없었어. 다 포기할 거야. 하나님이 나를 변화시켜주시지도 않았어. 이제 그분을 잊을 거야.' 이 악순환의 밑바닥에서, 우리는 실로 연약하고 무기력하며 고립된 모습을 발견한다. 우리는 깊은 공허감과 절망감을 느끼고, 하나님과 친구들을 피해 외딴곳에 숨는다. 우리는 하나님의 눈에 띄지 않고 살아갈 수 있다는 헛된 희망을 은밀히 품는다(오래전 아담도 그랬다). 하나님은 지금도 서늘한 초저녁의 에덴동산을 거니시면서, 아담이 처음 죄를 범했을 때처럼 우리와 대화하기를 간절히 바라신다. 하지만 우리는 무화과 나뭇잎으로 자기 몸을 감추면서 그분을 피해 숨으려고 한다. 우리는 그분이 행하시는 방향과 정반대로 움직이려고 안간힘을 쓴다.

그러나 이렇게 할 때, 우리는 원수의 또 다른 계략에 넘어가고 만다. 지금 그 원수는 당신의 식탁에 앉아 음식을 거의 먹어치운 상태다. 당신은 감정과 영적인 측면, 인간관계 모두에서 심한 영양실조와 굶주림에 시달리고 있다. 처음에 당신의 삶을 혼란에 빠뜨렸던 그 채워지지 않은 갈망들이 다시 드러난다. 당신은 사랑받고 마음의 평안을 누리기를 원한다. 자신이 이해받기를 바라며, 삶의 가치와 의미, 목적과 성취감을 갈망한다.

결국, 시작점으로 되돌아왔다. 여기서 원수가 반짝이는 미끼를 당신 앞에 내밀면서 이렇게 꼬드긴다. "이봐, 네게는 쾌락이 좀 필요해. 지난번 이 길로 갔을 때 잠시나마 기분이 짜릿했던 것 기억나? 다시 그렇게 해봐." 이때 예전 생각들이 다시 당신 마음속에 자리 잡기 시작한다.

따라서 문제의 해답은 이런 '재헌신'을 되풀이하는 데 있지 않다. 하나님 앞에 온전히 항복하는 데 있다. 이 일은 우리가 하나님 앞에서 두 손 들고 이렇게 고백할 때 이루어진다.

"하나님, 제 힘으로는 도저히 이 상황을 변화시킬 수 없습니다. 하지만 당신은 하실 수 있습니다. 더 이상 당신을 피해 숨지 않겠습니다. 제 마음을 열어 당신의 사랑과 해법 그리고 제 심령을 살피며 회복시키시는 성령님의 사역을 받아들이겠습니다. 예수님, 이제 당신의 인도를 따르겠습니다. 당신은 십자가에서 구원의 사역을 이루시고, 이 전쟁에서 궁극적인 승리를 거두셨습니다. 아직 제가 치러야 할 전투들이 남아 있지만, 이미 주께서 승리의 전초 기지를 마련하셨습니다. 당신의 승리 덕분에 저는 계속 전진할 수 있습니다. 이제 마음을 열고, 제 삶을 변화시키시는 당신의 놀라운 사역에 순종하겠습니다. 당신을 죽음에서 일으키신 하나님의 능력에 의

지혜 이 일들을 간구합니다. 저를 영적인 무기력에서 건져주소서. 제 삶의 문제들을 당신 앞에 다 내어놓습니다."

이때 부활의 능력이 우리 삶 속에 임하며, 이를 통해 승리의 길로 나아가게 된다. 이것은 실로 놀라운 소식이다! 이제 예수님은 우리로 죄와 유혹의 나선 구조에서 벗어나게 하신다. 고린도전서 10장 12-13절에는 이에 관한 하나님의 약속이 담겨 있다. "사람이 감당할 시험밖에는 너희가 당한 것이 없나니 오직 하나님은 미쁘사 너희가 감당하지 못할 시험 당함을 허락하지 아니하시고 시험당할 즈음에 또한 피할 길을 내사 너희로 능히 감당하게 하시느니라."

잠시 이 구절을 숙고해보자.

"하나님이 우리에게 피할 길을 내어주신다."

이것은 성경의 근본 진리이며, 전능하신 하나님이 우리에게 친히 주신 약속이다. 이제 원수를 식탁에 앉게 할 이유가 없다. 우리는 승리의 삶을 살며, 믿음의 싸움에서 이길 수 있다.

6

출구 표지판을
무시하지 말라

늪지대를 여행한다고 상상해보자. 길은 험하고 당신은 혼자다. 혹시 사나운 동물들이 있는지 사방을 살피면서도, 자신이 어느새 모래밭을 걷고 있다는 사실을 깜빡한다. 두 발짝쯤 뗄 때까지는 땅이 부드럽고 편안하게 느껴지다가, 갑자기 아래로 푹 꺼진다.

당신은 유사(流沙, 모래와 물, 점토 등이 섞인 지형—옮긴이)에 무릎까지 빠져 있다.

모래는 물에 젖어 축축하며 계속 움직인다. 당신은 그 속에 잠겨 아주 느린 속도로 가라앉고 있다. 도와달라고 소리 쳤지만, 그곳에는 아무도 없다. 빠져나오려고 애쓰지만, 사방에는 붙잡을 만한 것이 보이지 않는다. 젖은 모래와 씨름하는 가운데 어느새 허벅지까지 차오르고 서서히 가라앉는다. 이제 당신은 완전히 그 속에 갇혔으며, 끝 모를 공포에 빠졌다.

몇 시간이 지났다. 머리 위로는 태양이 뜨겁게 내리쬐고 있다. 포기하지 않겠다고 다짐했지만, 점점 지쳐간다. 열심히 애쓸수록, 더 많은 모래에 짓눌린다. 몸부림치면 더 빨리 가라앉는다는 말을 어디선가 들었기에 침착하려고 하지만, 본능적으로 그럴 수가 없다. 당신은 허우적거리면서 무엇이든 붙잡으려고 안간힘을 쓴다. 온몸의 피부는 시커먼 모래 알갱이에 쓸려 벌게진 상태다. 이제 당신은 허리까지 모래 속에 잠겨 몸을 빼낼 수 없게 되었다. 계속 시간이 흐른다. 이제 가슴까지 그 속에 잠겼다. 당신은 몸부림칠 힘이 없고, 아예 움직일 수조차 없다.

유사에 대한 한 가지 놀라운 사실이 있다. 모래의 이동과 무게 분포의 물리학적인 특성 때문에, 그 알갱이들은 당신이 깊이 가라앉기 전에 서로 엉켜서 긴밀히 결합한다. '포스 체인'force chain으로 불리는 현상이다.[2] 영화에서 보는 것과는 달리, 갑자기 머리까지 그 안으로 빨려 들어가지는 않는다. 현실에서는 천천히 오랜 시간에 걸쳐 가라앉는데, 몸부림치면 속도가 좀 더 빨라진다. 그리고 유사에서 목숨을 잃을 수 있는 것 역시 사실이다. 하지만 일반적인 생각과 달리, 그 속에 잠겨 질식사하는 경우는 거의 없다. 오히려 사람들은 깊은 절망과 공포에 빠진 채로 기력을 소진해서 목숨을 잃곤 한다.

---

[2] "유사에 빠지면 어떻게 되는가?"(What Happens If You Fall into Quicksand?) www.youtube.com/watch?v=jYlZyO62V7A.

그곳에서 벗어나려고 안간힘을 쓰다가 너무 지쳐버린다.

죄와 싸울 때도 마찬가지다. 지금 많은 이들이 잘못된 선택에 매여 허우적거린다. 우리는 여러 해 동안 죄와 유혹의 나선 구조에 맞서 씨름해왔지만, 그것은 유사처럼 우리를 계속 빨아들인다. 계속 몸부림치지만 우리는 단단한 땅에 올라서지 못하며, 마침내 깊은 절망과 공포 속에서 영적인 탈진 상태에 빠진다. 아무리 애쓸지라도 그 죄에서 벗어나지 못하며, 더 이상 어떻게 할 수 없는 지점에 이른 듯이 느껴진다. 이제는 포기하기 직전이다.

하지만 놀라운 소식이 있다. 우리는 죄의 늪에 빠져 허우적거릴 필요가 없다! 왜 그런지 살펴보자.

그리스도의 부활 능력이라는 강력한 엔진

우리는 그리스도 안에서 승리했다. 이는 단순히 설교자의 개인적인 의견이나 신학적인 수사가 아니다. 예수님이 이미 이기셨고, 하나님 보좌 우편에 있는 승리의 자리에 앉으셨다 히 12:2. 영원의 세계가 펼쳐질 때, 예수님이 다시 땅에 오시는 것은 죄와 싸우려는 것이 아니다. 그분은 궁극적인 승리자로서 다시 오신다. 예수님이 이미 죄를 누르고 승리하셨기에,

우리도 이 승리를 누린다. 이제 우리는 죄의 유사에서 해방되어 새 정체성을 좇아 살아가게 되었다. 더 이상 죄와 유혹, 그릇된 사고방식에 시달릴 필요가 없다. 그리스도와 그분이 거두신 승리에 밀접히 연합될 때, 우리는 온전한 자유인의 삶을 살아갈 수 있다.

분명히 말하지만, 이 싸움에서 승리하는 것은 우리 삶 속에서 압박감이 사라졌거나 환경이 좋은 방향으로 바뀌었기 때문이 아니다. 앞서 우리는 시편 23편 4-5절을 숙고하면서 이 사실을 확인했다. 남은 삶 전체에 걸쳐, 우리는 여전히 어두운 골짜기를 지나가며 적들로 둘러싸인 식탁에 앉게 될지도 모른다. 이 싸움에서 승리했다고 말하는 것은 그런 삶의 문제들이 없어지기 때문이 아니다. 주님이 그 가운데서도 우리와 동행하시며 식탁에 함께 앉으시기 때문이다.

우리가 그리스도와 그분의 승리에 연합된다는 의미는 무엇일까? 이 개념을 자세히 살펴보자. 고린도후서 5장 17절은 우리가 "그리스도 안에" 있으며 "새로운 피조물"이라고 말씀한다. 그리고 갈라디아서 3장 26-28절에 따르면, 우리는 그리스도로 "옷 입었다". 이는 예수님이 우리 존재를 새롭게 하셨으며, 우리가 그분의 의로 온전히 덮여 있음을 나타낸다. 골로새서 3장 3절은 우리 생명이 "그리스도와 함께 하나님 안에 감추어졌다"라고 말씀한다. 집의 밀실이나 코트 안주머니를 상상해보라. 무언가가 그곳에 감추어질 때, 은밀하면서 안전한 상태에 있게 된다. 우리의 새로운 의는 덧없이 스러지지 않는다. 그것은 안전하게 보호받고 있다. 나 자신이 새로운 피조물임을 믿도록 늘 마음과 정신을 훈련해야 한다. 그리스도로 인해 당신의 의는 안전하다.

그뿐 아니다. 에베소서 2장 6절은 이렇게 말씀한다. "또 함께 일으키사 그리스도 예수 안에서 함께 하늘에 앉히시니." 이는 우리가 승리하신 그리스도께 연합되었음을 뜻한다. 그리스도께서 무덤에서 부활하셨듯이, 우리도 그분과 함께 부활한 존재가 되었다. 우리는 이같이 주님과 밀접히 연관되어 있으며, 그분이 거두신 승리는 무엇이든 우리 것이 된다. 전능하신 하나님이 사람의 몸을 취하셨으며, 십자가에서 세상의 모든 죄를 짊어지셨다. 예수님은 고난을 받고 죽었다가 다시 살아나셨으며, 이를 통해 승리를 거두셨다. 이에 관해, 고린도전서 15장 57절은 이렇게 말씀한다. "우리 주 예수 그리스도로 말미암아 우리에게 승리를 주시는 하나님께 감사하노니." 당신 자신이 그리스도 안에서 이미 승리자임을 믿도록 늘 마음과 정신을 훈련해야 한다.

유혹이 닥쳐올 때, 관점을 바꾸면 그것을 떨쳐버릴 수 있다. 죄와 유혹의 늪에서 평생 허우적거리지 않고, 근본적인 사고방식을 변화시키는 것이다. "나는 그리스도 안에 있고, 그분은 내 안에 계신다. 나는 새로운 피조물이다. 그리스도께서 나를 위해 온전한 승리를 거두셨고, 이제는 그분의 모든 승리에 참여한다."

새 마음의 틀을 받아들이면, 우리는 하나님의 신실하심을 알게 된다. 이 진리를 숙고해야 한다. 이 과정에서, 이제껏 당신을 패배자로 만들어온 옛 삶의 패턴이 바뀌기 시작한다. 우리 이야기가 더 이상 죄로 끝나서는 안 된다. 신실하신 하나님이 유혹에서 벗어날 길을 약속하셨다. 그분의 약속대로 탈출구를 주시기에 이제 그 위기를 극복할 수 있다. 어두운 골짜기를 지나거나 원수의 눈앞에서 식탁에 앉을 때도, 하나님의 인도하심에 관해 이전과는 다른 생각을 품게 된다. 요한일서 5장 4절은 이렇게 말씀한다. "무릇 하나님께로부터 난 자마다 세상을 이기느니라 세상을 이기는 승리는 이것이니 우리의 믿음이니라."

원수가 식탁에 앉는 것을 어떻게 막을 수 있을까? 먼저 자신의 정체성을 되새겨야 한다. 예수님께서 이미 당신의 싸움에서 승리하셨다는 사실을 기억하라. 우리는 그분과 연합했기에, 삶에서 강력한 변화가 일어났다. 주님이 거두신 승리는 모두 우리 것이 되었다. 이제 우리는 그리스도 안에 있으며, 그리스도는 우리 안에 계신다. 그리스도께서 승리하셨기에, 지금 그 승리를 누릴 수 있다. 우리는 자신의 힘으로 죄와 싸우지 않는다. 오히려 그리스도의 부활 능력이라는 거대하고 강력한 엔진에 의지한다 빌 3:10. 앞장에서 잠시 다루었던 그 동력이다.

이해하기 어려운 신학적인 수사처럼 들릴 수 있지만, 실제로는 그리 복잡하지 않다. 모든 것은 결국 하나님의 신실하심에 귀결된다. 고린도전서 10장 13절을 다시 살펴보자. "사람이 감당할 시험밖에는 너희가 당한 것이 없나니 오직 하나님은 미쁘사 너희가 감당하지 못할 시험당함을 허락하지 아니하시고 시험당할 즈음에 또한 피할 길을 내사 너희로 능히 감당하게 하시느니라."

답은 이처럼 간단하다.

하나님은 참으로 신실하신 분이다.

하나님께 의지할 때, 그분은 피할 길을 열어주신다.

자기 자신에게
온전한 복음을 들려주라

이 진리를 자세히 적용해보자. 유혹에 직면할 때, 당신은 마치 하나의 커다란 문 앞에 서 있는 것과 같다. 그 문은 잠겨 있지 않으며, 반대편에는 죄악 되고 해로운 삶의 길이 놓여 있다. 많은 신자는 그 문을 바라보면서 자기에게 그것을 닫아 둘 힘이 없다고 생각한다. 그들은 그 유혹의 문 안으로 들어가야 한다고 믿으며, 다른 선택의 여지가 없다고 느낀다. 이런 생각을 품는 이유 중 하나는 오늘날 교회에 그릇된 정체성

신학이 자리 잡고 있기 때문이다.

우리는 그저 은혜로 구원받은 죄인에 불과한 게 아니다. 이 왜곡된 생각을 버려야 한다. 물론 이런 생각은 시작점이 될 수 있다. 하지만 그것은 복음이 말하는 전부가 아니며, 그리스도 안에 있는 우리의 진정한 정체성도 아니다.

오늘날 이런 식으로 가르치는 교회가 많다.

"안녕하세요? 우리 교회에 오신 것을 환영합니다. 뵙게 되어 기쁩니다. 여기 앉아서 오늘 설교를 잘 들어보세요. 당신이 죄인일 뿐임을 잊지 마세요. 당신은 빈손으로 예수님께 나아와야 하고, 앞으로도 드릴 수 있는 것이 별로 없습니다. 당신은 더러운 누더기를 움켜쥐고 있을 뿐입니다. 당신은 벌레 같고 비열하며, 늘 하나님을 비웃고 조롱하는 자들입니다. 실로 불결하고 무가치합니다. 당신은 항상 그분을 거슬러 반역하며, 아무짝에도 쓸모가 없습니다. 당신은 그저 은혜로 구원받은 죄인일 뿐입니다. 당신은 어제도 죄를 지었고, 오늘도 지었으며, 내일도 그럴 수밖에 없는 존재라는 것을 기억하세요. 당신이 할 수 있는 것은 그저 죄짓는 일뿐입니다."

경건하고 겸손하게 들리지만 썩은 냄새가 가득하다. 정체성이 끔찍하다. 이런 가르침을 접할 때, 우리는 그저 고개를 끄덕이면서 이렇게 중얼거린다. "네, 그런 것 같네요." 그렇기에 '유혹'이라는 큰 문 앞에서, 우리에게 기회가 없는 것처럼 보인다. 당신은 '우리는 죄인일 뿐'이라는 가르침을 늘 들어왔기 때문에 문을 열고 그 문을 통과한다. 이때까시 반쪽짜리 복음을 따랐기 때문에, 반대편에 있는 죄에 빠져드는 것 외에는 선택의 여지가 없다고 생각하게 된다.

이 유혹의 문 앞에 이를 때, 우리는 자신을 향해 에베소서 2장 8-9절과 고린도후서 5장 17절을 모두 설교해야 한다. 그것이야말로 온전한 복음이다. 에베소서에서 가르치듯, 구원 체험의 시작점에서 우리는 다 은혜로 구원받은 죄인들이었다. 하지만 이것이 복음의 전부는 아니다. 그렇기에 우리는 더 이상 죄인의 자리에 머무를 수 없다. 고린도후서에서 말씀하듯, 우리의 새 정체성은 곧 은혜로 구원받은 죄인인 동시에 온전히 새 피조물이 되었다는 데 있기 때문이다. 옛 것은 지나가고, 이제 새사람이 되었다. 당신은 완전히 새 삶으로 거듭났으며, 예수 그리스도 안에서 이전과는 다른 존재가 되었다.

새 생명 가운데서 행하는 우리

그리스도인들은 종종 예레미야 17장 9절을 언급하면서 이렇게 말한다. "보세요. 이 구절은 사람의 마음이 지극히 거짓되고 사악한 상태에 있다고 말합니다. 제가 그런 사람입니다. 제 마음은 심히 거짓되고 절망적일 정도로 사악합니다."

이 성경 구절은 거듭나지 못한 이들의 마음을 묘사한다는 것을 간과한다. 그들은 하나님으로부터 멀리 떨어져 있는 이들이다. 하지만 예수님은 새 시대를 가져오셨다. 우리가 그리스도를 따르면서도 죄를 지을 수는 있다. 그러나 우리 마음은 이제 그분 안에서 새롭게 되었다. "또 새 영을 너희 속에 두고 새 마음을 너희에게 주되 너희 육신에서 굳은 마음을 제거하고 부드러운 마음을 줄 것이며"겔 36:26. 우리 마음이 더 이상 지극히 거짓되고 사악한 상태에 있지 않음을 보여준다.

이 문제가 혼란스럽게 다가오는 이유는 우리가 새 피조물이 된 뒤에도 여전히 죄를 짓기 때문이다. 누가 알려주지 않아도, 우리는 그 사실을 이미 인식하고 있다. 하지만 이제는 자신의 정체성이 더 이상 '죄인'에 있지 않음을 되새겨야 한다. 유혹의 문 앞에 설 때, 우리가 그리스도와 함께 십자가에 못 박혔기에 예전처럼 살 필요가 없다.

이제 우리는 믿음으로 살아가며, 우리 삶의 이유는 오직 그리스도께서 우리 안에 살아계신다는 데 있다갈 2:20. 처음에 신자가 될 때, 우리는 그리스도 예수께로 세례를 받았다. 그분이 십자가에서 죽고 무덤에 묻혔다가 부활하신 일들에 우리도 연합되었음을 뜻한다. 그리스도께서 성부 하나님의 영광으로 죽음에서 일으키심을 받았듯, 이제 우리도 "새 생명 가운데서 행하게" 되었다롬 6:4. 그것이 지금 당신의 모습이다! 더 이상 유혹의 문 안으로 들어갈 필요가 없다.

간단히 말해, 자신이 성도임을 되새겨야 한다. 성경에서 우리를 성도로 부르는 것이 놀랍게 여겨지는가?[3] 그 말을 듣고 이렇게 생각할 수 있다. '우리 할머니는 진실한 성도셨지. 나도 그렇다고? 그건 잘 모르겠는데.' 하지만 성경은 실제로 당신이 성도라고 말씀한다. 이 '성도'saint라는 단어는 '거룩한 자'를 뜻하며, 마흔 개가 넘는 신약 구절에서 신자들을 지칭한다. 우리는 그리스도 안에서 과거와 현재, 미래의 모든 죄를 용서받았다. 우리는 하나님 앞에서 의로운 신분을 얻었으며, 예수 그리스도의 의로 옷 입었다. 그러므로 이제는 유혹의 문 안으로 들어가면 안 된다. 당신은 거룩하고 존귀한 성도이기 때문이다.

우리에겐 늘 벗어날 길이 있다

이렇게 묻는 소리가 귓가에 들린다. "하지만 바울은 이렇게 고백했습니다. '미쁘다, 모든 사람이 받을 만한 이 말이여! 그리스도 예수께서 죄인을 구원하시려고 세상에 임하셨다 하

---

[3] '성도'라는 단어에 대해 간단하고 유익한 해설을 살펴려면, 2017년 6월 22일에 존 파이퍼가 자신의 블로그에 게시한 '모든 그리스도인이 성도인가?'라는 영상을 보라. https://www.desiringgod.org/labs/is-every-christian-a-saint.

였도다. 죄인 중에 내가 괴수니라'딤전 1:15. 그는 자신을 '죄인 중의 괴수'로 불렀습니다. 이 위대한 사도까지도 자신의 정체성을 그렇게 파악했다면, 제게 어떤 희망이 있을까요?"

우리는 이 본문이 선포된 더 넓은 맥락을 헤아려야 한다. 이 구절에 담긴 그의 말뜻은 이러하다. "하나님 은혜가 없이는 구원받을 수 없었던 이들을 한 줄로 세운다면, 나는 맨 앞에 선다. 자신의 죄를 덮기 위해 하나님 은혜가 꼭 필요한 이들을 찾는다면, 나는 그 첫 번째에 속한다."

이 문제에 관한 바울의 더 온전한 선포는 로마서 6장에 담겨 있다. 여기서 그는 이렇게 묻는다. "그런즉 우리가 무슨 말을 하리요? 은혜를 더하게 하려고 죄에 거하겠느냐? 그럴 수 없느니라! 죄에 대하여 죽은 우리가 어찌 그 가운데 더 살리요?"롬 6:1-2

바울의 표현은 실로 단호하다. "그럴 수 없다!" 그는 이 현실적인 문제에 단호한 태도를 보이면서 질문한다. "우리가 놀라운 하나님의 은혜를 더 자주 체험하겠다면서 유혹의 문을 계속 드나드는 것이 옳겠는가? 죄 짓고 은혜를 구하고, 더 많은 죄를 짓고 또 은혜를 구하는 식으로 살아야 하겠는가? 그렇지 않다!"

나아가 그는 이렇게 가르친다. "그리스도께서 아버지의 영광으로 죽은 자 가운데서 살아나신 것처럼 우리도 새로운 삶을 살 수 있다"롬 6:4, NIV 직역. 이 지점에서 참된 승리가 시작된다. 우리는 새 피조물이라는 말씀에 담긴 진리를 깊이 숙고해야 한다. 우리는 더 이상 죄의 노예가 아니며, 하나님은 어떤 여건에서도 친히 피할 길을 열어주신다. 우리는 그리스도 안에서 이미 승리했다. 이제 자기 식탁에 원수를 앉힐 필요가 없다.

당신이 런던에 가 본 적이 있다면, 지하철 '런던 언더그라운드'를 타 보았을 것이다(흔히 '튜브'로 불린다). 이 지하철의 놀라운 점은 지표면 아래에서 서로 다른 깊이에 다른 선이 지나간다는 것이다. 사람들은 주빌리 노선에서 출발해 피카디리 노선으로 환승한 다음, 센트럴 노선으로 옮겨 탔다가 잠시 베이커루 노선을 타고 이동하곤 한다. 처음 이 철도를 이용하는 이들은 쉽게 길을 잃을 수 있다. 이는 이 노선들이 전부 다른 층에서 운행되기 때문이다. 가장 깊은 곳은 해저 23.2미터에 있는 런던 브리지 역, 주빌리 라인의 두 플랫폼인데, 거의 8층 지하에 있다. 그곳에서는 수많은 열차가 머리 위로 휙휙 지나간다. 처음 겪는 이들에게, 이 모든 것이 매우 혼란스러울 수 있다.

하지만 이 도시를 여행하는 초보자들을 위한 좋은 소식이 있다. 런던 지하철 어느 곳에서든, 출구라고 적힌 표지판을 보면 된다. 표지판 모양은 각기 다르지만, 의미는 전부 똑같다. 지난번 그곳에 갔을 때, 나는 여러 표지판을 사진으로 찍어 왔다. 한 표지판은 둥근 모양에 빨간 원형 테두리가 있었으며, 다른 표지판은 길고 얇은 파란색의 직사각형이었다. 또 어떤 표지판은 스테인드글라스 창문 모양 안에 글씨가 새겨져 있었고, 어떤 표지판은 지극히 사무적인 형태였다. 이 표지판들의 모양이나 색깔이 어떻든 간에, 그것은 전부 같은 메시지를 전달하고 있었다. '이쪽에 출구가 있다'라는 것이다.

하나님도 우리에게 이런 표지판을 주신다. 그분은 늘 참되고 신실하시다. 고린도전서 10장 13절 약속 덕분에, 우리는 유혹을 받더라도 죄를 피할 수 있다.

우리에게는 늘 출구가 있다.

출구 표지판을 무시하지 말라

당신 앞에 놓인 출구의 표지판은 어떤 모습일까?

죄를 피하는 가장 좋은 방법은 애초에 유혹이라고 적힌 문으로 들어가지 않는 것이다. 바깥에 머무는 것이 가장 안전한 출구다. 문을 열지 말라. 이를 위해, 우리 삶에 여러 안전장치를 마련해둘 필요가 있다. 이 장치들은 우리를 유혹의 길에서 멀리 떨어뜨려준다. 그 문 근처에는 얼씬도 하지 않는 것이 좋다. 로마서 13장 14절은 이렇게 말씀한다. "주 예수 그리스도로 옷 입고 정욕을 위하여 육신의 일을 도모하지 말라." 이 구절에 밑줄을 그어두라.

"육신의 일을 도모하지 않는" 것은 곧 신한 지혜와 분별력을 발휘하며 살아간다는 뜻이다. 이때 우리는 방심하다 죄를 짓기보다는 차라리 지나치게 조심하는 편을 택하게 된다. 유혹에 빠지는 것을 막으려면, 자신의 환경을 조정할 필요가 있다. 때로 그 정도가 심할지라도, 유혹에서 벗어나려면 기꺼이 감수해야 한다. 물론 이 일을 혼자 해내기는 어렵다. 그렇기에 우리는 친한 친구 몇 명과 함께 짐을 나누어지면서 각자의 실제적인 싸움과 유혹에 관해 솔직히 이야기해야 한다.

예를 들어, 당신은 음란물 문제는 겪지 않지만 가족들이 그런 문제에 빠질 수 있기에, 집 안의 모든 컴퓨터에 차단 프로그램을 설치할 수 있다. 이런 장치들은 당신의 순전한 삶을 보호하는 데 도움을 준다. 또 당신은 신뢰할 만한 친구들과 이 문제를 의논하고, 그들의 삶에서 어떤 안전장치를 활용하는지를 배워간다. 이렇게 하는 것이 유혹의 문 안으로 아예 들어가지 않는 길을 택한 모습이다.

하지만 안타깝게도 스스로 유혹의 문을 열었다고 생각해보자. 그 안에 들어선 당신은 죄의 길로 끌려가고 있음을 인지한다. 이때 사방을 주의 깊게 살펴야 한다. 그 길 곳곳에 '출구'라고 표시된 작은 문들이 있기 때문이다.

예를 들어, 친구들이 멕시코의 휴양지 칸쿤에 함께 놀러 가자고 제안했다고 하자. 당신은 양심을 자극하는 성령의 감화를 느끼면서 이렇게 생각한다. '흠, 지난번 친구들과 칸쿤에 갔던 일은 재앙과도 같았어. 아홉 달 동안의 영적 훈련이 다 물거품이 되었지.' 이때 간단한 출구를 택하면 된다. 친구들에게 "미안하지만, 이번에는 함께하지 못할 것 같다"라고 말하는 것이다. 이것이 육신의 일을 도모하지 않는 가장 쉽고 현명한 방법이다.

그런데 당신이 이미 그 문 안에 발을 들여놓았을지도 모른다. 칸쿤 여행이 그리 현명한 선택이 아님을 알면서도 환한 햇살이 내리쬐는 해변 사진들을 보면서 친구들과 함께 보낼 그곳에서의 즐거운 시간을 꿈꾼다. 이때 당신은 점점 더 죄의 자리로 다가가고 있으며, 그 안에 이미 들어와 있는 상태다. 하지만 감사하게도, 하나님은 신실하시다. 그렇기에 비행기 표를 예매하러 간 곳에서 신용카드 결제가 거부될 수도 있다. 이는 불운한 날의 조짐이 아니다. 그것은 하나님이 주신 '출구' 표지판이며, 우리를 보호하시려는 성령의 역사다. 그 손길을 순순히 따르라.

아니면 여기서 한 걸음 더 나아갈 수도 있다. 당신은 간신히 신용카드 정보를 갱신하고 비행기를 탔으며, 친구들과 함께 칸쿤에 와 있다. 거기서 누군가가 인기 클럽에 가자고 제안한다. 이때 당신은 그 길에서 돌이키라는 성령의 감화를 느끼고 몸을 움츠리면서 생각한다. '지난번 그 클럽에 갔을 때 모든 문제가 시작됐지.' 여전히 출구가 남아 있다. 이렇게 말하기만 하면 된다. "아니, 나는 거기 안 갈래." "다른 데 가자." "너희만 가. 나는 해변을 좀 걸을래."

하지만 결국 친구들과 함께 그 클럽으로 가는 택시를 탔다면? 마음속에는 여전히 '가지 말라'고 하시는 성령의 음성이 느껴진다. 하나님 은혜로, 그 길을 벗어날 수 있는 작은 출구가 아직 남아 있다.

"애들아, 정신 나간 소리처럼 들리겠지만 다음 교차로에서 내릴게. 다른 택시로 호텔에 돌아가려고. 너희를 비난할 뜻도 없고 소란을 피워서 미안해. 나는 그만 가야겠어." 너무 지나친 태도로 여겨지는가? 그럴지도 모른다. 하지만 유혹에 저항하는 것은 가벼운 게임이 아니다. 그것은 전쟁이다!

출구를 찾으려면, 신실하신 하나님께 의지해야 한다. 성령님은 그분의 자비로 계속 출구들을 보여주신다. 그러나 우리가 유혹의 길로 계속 나아갈수록 그 문들은 점점 더 작아지며, 그 길에서 벗어나기가 더 힘들어진다. 그리고 주님의 손길을 따르지 않을 때 생겨날 결과들도 점점 더 심각해진다.

자세히 살펴보면, 유혹의 길에서 벗어날 기회들은 여전히 남아 있다. 첫 번째 출구는 어느 집에서나 볼 수 있는 평범한 크기의 문이며, 두 번째 것은 강아지들이 드나들 수 있는 작은 문이다. 그리고 세 번째 것은 자그마한 인형의 집 문으로, 그저 스마트폰 크기의 물건이 통과할 수 있을 정도다.

하지만 우리는 여전히 이 싸움에서 이길 수 있다. 식탁에 원수를 앉힐 필요가 없다. 우리는 벗어날 수 있다!

"죄를 짓지 말라"는
복음 메시지가 아니다

죄를 피하는 또 하나의 방법은 '유혹'의 문을 더 이상 쳐다보지 않는 것이다. 전혀 다른 방향으로 나아가야 한다. 그 대신에, 하나님이 열어주시는 '초대'의 문을 바라보라. 히브리서 12장 1-2절은 이렇게 말씀한다. "모든 무거운 것과 얽매이기 쉬운 죄를 벗어 버리고 인내로써 우리 앞에 당한 경주를 하며 믿음의 주요 또 온전하게 하시는 이인 예수를 바라보자." 이는 곧 그리스도의 문이며, 우리는 그 문에 온전히 관심을 집중해야 한다.

복음의 핵심 메시지는 "죄를 짓지 말라"가 아니다. 교회에서 자주 그렇게 설교하는 이유는 그 메시지가 강력한 효과를 발휘하기 때문이다. 그러나 십자가의 메시지는 "와서 하나님과 동행하라"에 훨씬 더 가깝다. 이제 우리는 새 피조물이며, 전능하신 하나님과의 교제로 나아갈 수 있다. 예수님은 우리를 생명력 넘치는 삶의 길로 이끌어 가신다요 10:10. 데살로니가전서 3장 8절에서, 바울은 이렇게 선포한다. "우리가 이제는 살리라."

시편 23편과 요한복음 10장 1-18절로 돌아가서, 선한 목자이신 예수님을 따르는 양의 모습을 상상해보자. 이 두 본문의 요점은 우리를 인도하신다는 하나님의 약속에 있다. 양이 목자의 음성을 알아듣는 법을 배우듯, 우리도 그리스도의 음성을 듣고 그분을 따를 수 있게 되었다. 이제 당신은 목자이신 그분이 하시는 일들을 보고 그분의 보살핌 속에 안식하며, 그분과 함께 발걸음을 옮길 수 있다. 예수님과 긴밀히 동행하는 동안, 우리는 하나님이 신뢰할 만한 분임을 알게 된다. 지난 삶의 여정을 돌아보면서, 그분이 우리를 돌보고 지키며 인도해주신 일들을 깨닫는 것이다. 하나님과의 친밀한 교제는 곧 참된 성취로 나아가는 길이다. 원수를 우리 식탁에 앉히지 않으려면 어떻게 해야 할까? 그리스도께 시선을 고정해야 한다.

아담과 하와 이야기를 다시 살펴보자. 뱀의 유혹이 있기 전에, 하나님은 동행의 자리로 이미 그들을 초대하셨다. 창세기 3장 8절에 따르면, 아담과 하와는 타락 이후에 곧 "그날 바람이 불 때 동산에 거니시는" 하나님의 소리를 들었다. 그들이 그 소리를 금세 알아차린 것은 이미 그분과 친숙한 관계에 있었기 때문이다. 하나님은 앞서 아담과 함께 걷고 이야기하셨으며, 그로 동물들의 이름을 짓게 하셨다. 또 그분은 하와를 지으시고 "그를 아담에게로 이끌어" 오셨다 창 2:22. 두 사람은 하나님과 동행하는 것이 어떤 일인지를 잘 알고 있었다. 그들은 하나님 형상으로 지음을 받았으며, 하나님과 친밀히 교제하고 이 땅에서 그분과 함께 주님의 일들을 행한다는 것이 무엇인지를 알았다.

이것이 아담과 하와가 이해했던 더 넓은 의미의 복음이다. 물론 그들 앞에는 명확한 하나님의 명령이 주어져 있었다. "죄를 짓지 말며, 그 열매를 먹지 말아라." 하지만 그보다 더 크고 기쁜 소식이 있었으니, 이는 "와서 하나님을 즐거워하라"라는 것이었다.

이 큰 복음은 오늘날 우리에게도 그대로 적용된다. 구원받은 당신은 혹시 하나님을 그저 죄짓지 말라고 명하시는 분, 이 세상을 떠날 때 천국행 티켓을 주시는 분 정도로 여기지는 않는가? 구원과 죄 사함을 받고 천국에 가는 것은 물론 좋은 일이다. 하지만 하나님은 지금, 곧 천국에 가기 훨씬 전부터 우리와 친밀히 사귀길 원하신다. 당신은 하나님을 얼마나 잘 알고 있는가?

우리에게 가장 필요한 분별력

하나님을 아는 길에 들어섰다는 것은 마음과 목적과 생각을 그분께 맞추었다는 뜻이다. 그분의 말씀인 성경을 배우기 시작하면 하나님과 그분의 성품을 조금씩 알게 된다. 그리고 꾸준히 기도로 하나님과 동행할 때 그분의 길을 배우게 된다. 그분의 말씀과 성품은 우리의 모든 필요를 채워준다. 당신의 가치와 중요성을 인정받고 싶은가? 참된 삶의 목적을 찾고 사랑을 누리며, 존재가 온전히 수용되고 마음의 평안과 만족을 얻기 원하는가? 가장 깊고 친밀한 벗을 얻으며, 인생의 심한 환난 중에도 고요히 전진하기를 바라는가? 예수님이 그 모든 필요를 채우신다.

원수는 우리의 이런 바람을 악용한다. 우리 마음이 침체되는 것은 대개 이런 필요가 충족되지 않았기 때문이다. 그때 마귀가 나타나 속삭인다. "기분이 나아지고 싶다면 이 문 안으로 들어가 봐. 짜릿한 흥분을 맛보게 될 거야. 온몸 구석구석에 도파민과 아드레날린이 솟아나게 해줄게."

그러나 하나님만큼 우리 마음을 만족시키시는 분은 없다. 그리스도를 바라보는 것만큼 죄로부터 당신을 지켜주는 것은 없다. 하나님과 동행할 때 자신의 진정한 정체성, 가치, 목적을 발견한다. 그곳에서 하나님을 신뢰할 수 있다.

앞서 야고보서 1장 14절을 살펴보았다. "오직 각 사람이 시험을 받는 것은 자기 욕심에 끌려 미혹됨이니." 나아가 야고보는 이 가르침의 더 넓은 맥락을 제시한다. "내 사랑하는 형제들아 속지 말라. 온갖 좋은 은사와 온전한 선물이 다 위로부터 빛들의 아버지께로부터 내려오나니 그는 변함도 없으시고 회전하는 그림자도 없으시니라"16-17.

죄는 사망을 낳는다. 야고보는 이 사실을 뚜렷이 강조한다. 유혹의 문 안에 들어갈 때, 우리는 그저 죄와 사망으로 연결된 길을 걷게 될 뿐이다. 그 안의 어떤 것도 참된 유익을 주지 못한다. 죄는 잠시 우리를 즐겁게 할지 모르지만, 그것은 늘 하나님이 예비하신 최선의 길에 미치지 못한다.

우리는 '초대'라고 표시된 다른 문으로 들어가야 한다. 그곳에는 온갖 좋은 은사와 선물이 있으며, 이는 곧 그리스도께서 주시는 것들이다. 우리가 바라고 갈망하는 모든 일은 그 안에서 발견된다. 그리고 우리의 진정한 상급은 그저 예수님이 주시는 어떤 선물이 아니다. 문 안으로 들어가 하나님 자신을 누리는 것이 그 상급이다.

에덴의 이편에 있는 우리에게 누리도록 허락된 놀라운 혜택을 생각해본 적이 있는가? 물론 우리는 죄로 얼룩지고 타락한 세상 속에 살고 있다. 이곳은 더 이상 낙원이 아니다. 하지만 우리는 전능하신 하나님이 우리를 위해 얼마나 큰일을 행하셨는지를 알며, 그 지식 안에서 이 땅을 살아간다. 우리에게는 아담과 하와가 미처 알지 못했던 하나님의 사랑에 대한 지식이 있다. 뱀이 하와에게 "어쩌면 하나님이 너를 일부러 막으시는지도 몰라"라고 속삭였을 때, 그녀는 이미 하나님의 말씀을 접한 상태였다. 하와는 하나님이 아담과 자신에게 들려주신 계시를 소유하고 있었다. 하와는 이처럼 하나님과 동행하는 삶을 누리기에 완벽한 환경에 있었다. 하지만 그녀에게는 그 말씀의 약속을 뒷받침할 실제적인 경험이 거의 없었다.

우리에게는 그 경험이 있다. 우리 삶의 이야기 속에는 그리스도의 죽으심과 장사, 그분의 부활이 있다. 우리는 주님의 십자가를 가리키면서 이렇게 말할 수 있다.

"하나님은 우리에게서 아무것도 일부러 빼앗아 가지 않으십니다. 우리는 이 십자가를 통해 그분의 마음을 알 수 있습니다. 하나님은 우리를 너무 사랑하셨기에, 아들이신 예수님을 보내 세상 죄를 짊어지게 하셨습니다. 하나님은 우리를 되찾기 위해 험한 산을 넘고 굳게 닫힌 문을 열어젖히며, 어두운 골목길도 주저 없이 달려가십니다. 하나님은 그분의 사랑으로 우리와 소통하기 위해 모든 것을 감수하셨으며, 이를 위해 자신의 독생자를 십자가로 보내셨다가 다시 살리기까지 하셨습니다. 예수님 덕분에, 나는 새 피조물이 되었습니다."

하와는 지금 우리가 아는 것을 몰랐다. 그녀는 하나님이 우리를 살리려고 어떤 일까지 행하실 수 있는지를 미처 알지 못했다. 하지만 우리는 안다.

얼마 전, 나는 작가 프리실라 샤이러 Priscilla Shirer가 얼룩말들의 양육 방식에 관해 이야기하는 것을 들었다.[4] 그녀에 따르면, 어미 얼룩말이 새끼를 낳았을 때 먼저 하는 일 중 하나는 잠시 그 새끼 얼룩말을 무리 바깥으로 떼어놓는 것이다. 왜일까? 어미는 새끼가 자신을 알아가길 바라기 때문이다.

---

4 이에 관한 설명은 그녀의 책에서도 볼 수 있다. Priscilla Shirer, *Awaken: 90 Days with the God Who Speaks* (Nashville: B&H Books, 2017), Day 51.

훈련받지 않은 이들의 눈에는 모든 얼룩말이 똑같아 보인다. 심지어 새끼 얼룩말들도 자기 어미가 누구인지 헷갈리는 것으로 알려져 있다. 하지만 모든 얼룩말의 머리와 얼굴에는 자기만의 고유한 무늬가 있다. 그렇기에 어미가 새끼를 무리 바깥으로 떼어놓을 때, 그 얼룩말은 어미가 누구인지를 정확히 식별하는 법을 터득한다. 이때 그 새끼 얼룩말은 어미의 모습과 음성만 보고 들으며, 어미의 독특한 무늬를 인식하기 때문이다. 여러 주에 걸쳐, 이 둘만의 생활이 지속된다.

얼마 후, 새끼 얼룩말이 무리로 돌아온다. 이때 그 얼룩말은 이미 놀라운 분별력을 익힌 상태이다. 새끼 얼룩말은 비슷한 생김새와 울음소리, 체취를 지닌 다른 얼룩말들을 보면서 이렇게 생각한다. '저 얼룩말은 엄마가 아니야. 그 옆의 얼룩말도, 그 옆도 엄마가 아니야. 아, 저분이 내 엄마다.'

하나님은 우리와 이렇게 친밀한 관계를 누리며, 우리가 그분을 명확히 알게 되기를 바라신다. 마귀가 늘어놓는 것은 거짓말뿐이다. 그는 우리를 그릇된 길로 인도하여 멸망시키려 한다.

하지만 예수님은 우리가 하나님 음성을 듣고 그분을 더 알아가며, 온전히 신뢰하게 되기를 원하신다. 이제 죄의 유사는 우리를 아래로 끌어내릴 힘이 없고, '유혹'의 문도 별 영향력을 행사하지 못한다. 이제 우리는 하나님 은혜로 해방되어 마음의 싸움에서 승리할 수 있게 되었다. 우리는 그분을 깊고 친밀하게 알아가도록 초대받았다.

　이 과정의 일부로, 우리가 드려야 할 구체적인 기도가 하나 있다. 우리의 식탁에 원수를 앉히지 않으려면 이 기도가, 이를 통해 경험하는 영적 자유나 하늘의 부르심과 함께, 가장 강력한 방편이 될 것이다.

7

예수 이름의
권세 사용하기

나는 대학 중퇴생이었다.

  머리가 나빠서 그랬던 것은 아니다. 열여덟 살 당시, 마음의 싸움에서 지고 있었기 때문이다. 그때 원수는 내 게으른 습성을 이용해서 내 삶 속에 침투할 발판을 마련했다. 나는 늦잠을 자다가 아침 수업에 자주 지각했다. 수업을 빼먹고 핑계를 대는 올림픽 종목이 있다면, 여러 번 금메달을 땄을 것이다. 결국, 학과장 교수님에게서 편지가 왔다. 그 안에는 잠시 학업을 쉬는 게 좋겠다는 자상한 권고가 담겨 있었다.

  나는 생각했다.

  '괜찮아. 시내 2년제 대학에 다니면 되지 뭐.'

  얼마 후, 그 대학에서도 똑같은 통보를 받았다. 한 해 동안 두 곳에서 낙제생이 된 것이다.

  이제는 내 식탁에 앉아서 음식을 뺏어 먹는 원수의 계략을 간파해야 할 시기였다!

당시 내게는 큰 꿈이 있었다. 사역자로 부름받은 이전의 강력한 체험을 통해, 하나님이 내 삶에 큰 계획을 갖고 계심을 알았다. 자신의 미래를 늘 그려보았지만, 거기에 도달하기 위해 무엇이 필요한지는 잊고 있었다. 사역자로 훈련받기 위해 대학원에 진학할 생각에 부풀어 있었을 뿐, 이를 위해 필요한 학부 수업에는 흥미를 잃은 상태였다.

운전 중에 문득 이 사실을 깨달았을 때, 나는 곧장 고속도로를 빠져나와 학교로 향했다. 한 시간 뒤, 나는 이전에 다녔던 조지아 주립대학의 학장실에 앉아서 다시 수업을 듣게 해달라고 간청하고 있었다. 다행히 학장님은 내 요청을 흔쾌히 들어주셨으며, 그때 나는 미래의 계획을 이루기 위해 어떤 노력이 필요한지를 절실히 되새겼다.

내 정체성은 '대학 낙제생'이 아니었다. 하나님 말씀을 선포하는 사역자로 받은 부르심을 되새겼다. 물론 나는 수업 내내 잠을 자기도 했다. 하지만 이후에 입증되었듯, 내게는 2년 과정을 1년 만에 마칠 능력도 있었다(그리고 성적도 끝내줬다). 나는 원래의 동급생들과 같은 시기에 졸업한 뒤, 계획대로 대학원에 진학했다.

나는 마음의 싸움에서 이겼다. 당시 나는 매일 아침에 깰 때마다, 하나님이 나를 통해 계획하신 모든 일을 이루실 것을 되새겼다. 그분의 뜻에 합당한 존재가 될 수 있음을 믿었다.

당신은 무엇이 되고 싶은지 아는가?

그저 당신의 개인적인 성취나 사업 성공, 스포츠 활동이나 재정 계획에 관해 묻는 것이 아니다. 당신의 영혼이 무엇을 원하는가에 관한 질문이다. 생각과 태도, 행동을 분별해야 한다. 우리 삶에 대한 하나님의 목적에 따라 움직이고 하나님이 설계하신 삶을 사는 것에 대해 이야기하고 있다.

원수는 지금 위치에서 그 목표에 이르기가 불가능하다고 속삭일 것이다. 이제까지 당신은 깊은 두려움을 주는 목소리에 귀 기울였으며, 죄와 유혹의 악순환에 사로잡혀 왔다. 자신이 무가치한 존재임을 확신하면서 깊은 염려와 근심에 빠져 있었다. 지금껏 마귀가 당신 식탁에 앉아 이런 일을 계속 조장했지만, 더 이상 그를 거기 머무르게 할 이유가 없다. 이제 원수의 음성을 듣지 않아도 된다. 그리스도 안에서, 우리는 승리하는 삶의 자리로 나아갈 수 있다.

이 승리는 마음의 싸움에서 이기는 법을 터득할 때 찾아온다. 원수도 그 사실을 알기에, 우리 마음과 생각에 침투하는 것을 주된 책략 중 하나로 삼는다. 그는 인내심 많고 끈질기다. 에덴동산에서, 뱀은 하와에게 큰소리로 유혹의 말을 쏟아내지 않았다. 그는 하와의 마음속에 가만히 의심과 불신의 씨앗을 심어놓고 계속 기다렸다. 뱀은 하와에게 하나님의 선하심에 의문을 품게 했고, 그분이 좋은 것을 일부러 숨기고 있다고 의심하도록 부추겼다. 하와는 이 씨앗들이 자기 마음속에 뿌리내리게 방치했으며, 결국 그 생각을 행동에 옮겼다.

이것이 원수의 활동 방식이다. 이는 마음의 싸움에서 이길 때, 삶의 싸움에서도 이기기 때문이다. 민수기 13장은 모세가 가나안 정복을 준비하면서 열두 정탐꾼을 보낸 일을 기록한다. 그중 열 명은 깊은 두려움과 불신에 빠진 채로 돌아왔다. "우리는 능히 올라가서 그 백성을 치지 못하리라. 그들은 우리보다 강하니라. … 우리는 스스로 보기에도 메뚜기 같으니 그들이 보기에도 그와 같았을 것이니라"31, 33.

잠시 생각해보자. 정탐꾼들은 가나안 족속이 자신을 어떻게 볼지를 어떤 식으로 알았을까? 그들을 찾아가서 인터뷰라도 한 것일까? "저, 우리를 어떻게 생각하십니까? 당신들 눈에도 작고 보잘것없어 보이나요?" 아니다. 그들 마음속에 두려움과 의심의 씨앗이 뿌려져 있었을 뿐이다. 그 씨앗이 무럭무럭 자라 마침내 열매를 맺었다. 그 결과, 이스라엘 백성은 40년간 광야에서 방황하면서 자기 삶에 대한 하나님의 약속을 맛보지 못했다.

그들은 그렇게 삶을 허비할 필요가 없었다. 오늘날도 마찬가지다. 우리는 지금 이곳에서 승리할 수 있다. 이를 위해 원수가 내 마음에 악한 씨앗들을 뿌려놓지는 않았는지 살피고, 그 씨앗들이 뿌리내리지 못하게 해야 한다. 그것은 하나님의 마음과 일치하지 않는 생각을 끌어내는 것이다. 생각하는 방식을 바꾸는 것이다. 이때 특히 유익한 기도를 소개하고자 한다.

그리스도의 승리에 참여하기 위해 되새겨야 할 3가지

어쩌면 당신 마음속에 이미 의심의 씨앗이 심겼을 수도 있다. '이런 가르침이 나한테 얼마나 도움이 될지 모르겠어. 전에도 이것저것을 시도해봤지만, 소용이 없었어. 그러니 뭐 다르겠어? 설령 변화가 있더라도 오래가지는 못할 거야. 전에도 그랬으니까.'

이미 원수가 당신 마음에 영향을 미치고 있다는 증거다. 그런 의심의 씨앗들은 언제 어디서든 마음속에 뿌려질 수 있으며, 특히 이런 책을 읽는 동안에는 원수의 공격이 더 심해진다. 당신 마음이 하나님의 진리로 해방되기 전에, 먼저 마귀의 거짓말을 분별해야 한다. 지금 자신이 구체적으로 어떤 거짓말에 빠져 있는지를 알려달라고 성령님께 간구하라. 혹시 다음과 같은 생각에 시달리고 있는가?

- 내 삶은 달라지지 않을 거야.
- 죄를 지으면 기분이 좀 나아질 거야.
- 복음은 실제 삶에선 별 도움이 되지 않아.
- 나는 하찮은 인간이야.
- 아무도 나를 사랑하지 않아.
- 아무도 나를 신뢰하지 않아.
- 내가 낙심하는 것은 당연해.

- 나는 화를 낼 수밖에 없어.
- 나는 실패자야.
- 나는 중독자야.
- 나는 늘 이 모양일 거야.

이런 생각들은 하나님에게서 오는 것이 아니다! 예수 그리스도는 우리를 향해 "너는 실패자다"라고 말씀하지 않으시며, 두려움과 근심에 빠뜨리지도 않으신다. 주님은 우리를 혼돈 속으로 데려가거나 죄의 수렁에 빠진 채로 버려두지 않으신다. 그분이 인도하시는 목적지는 메마른 황무지가 아닌 푸른 초장이다. 지금 당신 마음속에 두려움과 근심, 자신이 무가치하고 모든 것이 혼란스럽다는 느낌이 있다면, 원수가 찾아와 악한 씨앗을 은밀히 뿌려놓고 갔기 때문이다. 원수는 우리 마음에 거짓말을 심어둘 때 그것이 자라 마침내 깊이 뿌리내리게 될 것을 안다. 거짓된 생각을 받아들이고 그 속에 안주할 때, 우리는 결국 그 생각대로 움직이게 된다.

어떤 이들은 이렇게 말한다. "뭐가 문제죠? 그저 생각일 뿐이잖아요. 나 말고는 아무도 모르니 상관없어요." 그렇지 않다. 우리 마음의 생각들은 매일의 행동과 태도를 통해 결국 다 드러나게 되어 있다. "대저 그 마음의 생각이 어떠하면 그 위인도 그러한즉" 잠 23:7. 이런 생각들은 어떤 식으로든 해를 끼치기 마련이다.

이 때문에, 그리스도 안에 있는 새 정체성을 즉시 덧입는 것이 중요하다(지난 몇 장에 걸쳐 이 내용을 다루었다). 예수님은 이미 승리의 이야기 속에 계시며, 우리를 그 이야기 안으로 초대하셨다. 우리가 그 속에 거하려면 되새겨야 할 진리가 있다.

- 나는 은혜로 구원받은 죄인이며, 새 피조물이 되었다. 이제 죄를 지을 필요가 없다.
- 나는 그리스도 안에 있고, 그리스도는 내 안에 계신다. 그리스도께서 승리를 거두셨으며, 나도 거기에 동참한다.
- 하나님은 늘 신실하시며, 항상 피할 길을 마련해주신다. 나는 지금 그 길을 택할 수 있다.

이 진리들을 받아들일 때, 우리 마음은 조금씩 변화된다. 열두 정탐꾼은 모두 약속의 땅이 좋다는 것을 알았다. 그곳은 실로 젖과 꿀이 흐르는 땅이었으며, 그곳의 포도송이는 너무 커서 두 사람이 장대에 메고 옮겨야 할 정도였다 민 13:23. 하지만 열 명은 자신들이 그 땅에 들어갈 수 있다고 믿지 않았다.

당신은 어떤가? 승리의 삶을 누릴 수 있다고 믿는가? 이 질문에 '아니오'라고 한다면, 당신의 마음을 얻기 위한 싸움에서 원수 마귀가 이기고 있다는 증거다. 그는 실재하며, 분명한 계획을 품고 우리를 해치려 한다. 당신 식탁 주위를 돌면서 계속 앉을 기회를 노린다. 우리의 현재와 미래, 가족과 건강, 마음의 평안과 성공, 소명과 궁극적인 운명이 다 여기 달려 있다. 마귀는 우리를 파멸시키고자 한다. 그는 무자비하며, 충분한 시간을 두고 자기 계획을 실행한다.

다행히, 원수가 마음속에 뿌리는 씨앗을 잠시라도 방치하지 않아도 된다. 뿌리 내리기까지 남겨둘 필요도 없다. 우리는 새 씨앗을 즉시 제거할 수 있으며, 여러 해 동안 마음속에 머물러 온 씨앗을 뽑아내는 일도 가능하다. 이런 일은 우리가 초능력을 발휘한다고 되는 문제가 아니다. 이 점을 분명히 강조하고 싶다. 승리는 우리가 무엇을 한다고 얻는 것이 아니다. 그것은 우리의 메시지가 아니다. 오히려 중요한 것은 예수 그리스도의 복음이며, 그분이 우리를 위해 행하시는 일들이다. 예수님이 친히 승리하셨고, 이제는 우리의 길을 열어 주신다.

그러면 우리는 어떻게 승리의 삶을 살아갈 수 있을까?

전쟁은 끝났으나 전투는 계속된다

고린도전서 15장 57절에서 '승리'로 번역한 헬라어 단어는 '니코스'*nikos*이다. 이 단어는 구체적으로 '정복을 통한 승리'를 나타낸다. 신약에서 이 단어는 늘 '그리스도께서 믿는 자를 위해 이루신 정복'을 가리키는 데 쓰였다. 그분은 모든 죄와 어둠의 세력을 정복하셨다. 이제 우리는 그리스도 안에 있고, 그분도 우리 안에 계신다. 그렇기에 어둠의 권세와 죄의 세력은 어떤 신자라도 이길 수 없다. 주님이 그 전쟁에서 이미 승리하셨기 때문이다. 예수님은 십자가에서 이렇게 선언하셨다. "다 이루었다"요 19:30. 이 말씀의 뜻은 이러하다. '내가 이 땅에 온 목적이 모두 성취되었다. 이제 너희는 죄에서 해방되어 나의 승리에 동참하게 될 것이다.'

이 승리의 의미를 제대로 헤아리기 위해, 당신이 디데이(2차 대전 당시, 노르망디 상륙 작전 실행일—옮긴이) 다음날, 프랑스의 노르망디 해변에 서 있다고 상상해보자. 디데이는 1944년 6월 6일이었으니 다음날은 1944년 6월 7일이다.

디데이는 인류 전쟁사에서 가장 큰 규모의 상륙 작전이었다.[5] 당시 156,000명 이상의 연합군이 나치의 기관총 사격과 수류탄 세례, 각종 포격을 뚫고 노르망디 해안에 상륙했다. 연합군은 6,900여 척의 함정과 상륙함, 2,300여 대의 항공기와 867대의 글라이더, 45만 톤의 탄약을 이용해서 압도적인 전력을 과시했다. 사상자도 많이 발생했다. 슬프게도, 연합군 병사 4,400여 명이 작전 당일에 목숨을 잃었다. 그러

---

5 Dave Roos, "D-Day: Facts on the Epic 1944 Invasion That Changed the Course of WWII," History, last updated June 4, 2020, https://www.history.com/news/d-day-normandy-wwii-facts.

나 해 질 무렵에는 이미 승리가 확정되었으며, 각각 '골드'와 '유타', '주노'와 '오마하', '소드'라는 암호명이 붙은 노르망디의 해변 다섯 곳이 전부 연합군의 수중에 들어왔다. 곧 임시 항구들이 건설되고, 계속 더 많은 병력이 상륙했다. 이후 전쟁이 끝날 때까지, 연합군은 이 항구들을 통해 250만 명 이상의 병력과 50만 대의 차량 그리고 400만 톤의 보급품을 수송하게 된다. 역사가들은 디데이가 2차 대전의 결정적인 전환점이었다는 데 동의한다. 이날의 승리로 전쟁 결과가 크게 달라지고, 전 세계의 운명이 바뀌었다.

이제 당신이 그다음 날 노르망디 해안에 서 있다고 상상해보자. 당신은 대규모의 피비린내 나는 전투가 벌어졌던 한 해변에 서 있다. 전쟁의 승패는 결정되었고, 히틀러의 세력은 무너졌다. 이제 그가 전쟁을 이길 방법은 없다. 하지만 당신은 이 승리의 전초 기지에서 계속 앞으로 나아가야 한다. 비록 유럽 대륙에서의 전쟁은 끝났지만, 히틀러는 한동안 계속 발악할 것이기 때문이다. 그는 이미 패배했으나 여전히 싸움을 이어가기 때문이다.

앞으로 몇 주간 더 많은 전투가 벌어진다. 당신은 프랑스의 까랑탕 마을에서 교전하고, 쉘부르 항구를 점령한다. 8월 25일에는 파리를 수복해야 한다. 일부 전투는 여전히 치열할 것이다. 그 이듬해에도, 당신은 마켓 가든 작전에서 격전을 벌이고 벌지 전투에서 겨울 전선을 사수하게 된다. 나아가 나치 치하의 독일로 진격해서 참혹한 강제 수용소들을 해방시켜야 한다. 디데이 다음날 당신이 명심해야 할 사실은 이것이다. '전쟁은 끝났지만, 열띤 전투가 아직 남아 있다.' 그러나 결정적인 교두보가 이미 확보되었기에, 당신은 늘 승리를 확신하며 싸움을 이어갈 수 있다.

우리의 삶에서, 예수님이 '니코스'(승리)를 주신다. 주님은 자신의 십자가에서 우리의 구원을 이루시고 죄의 세력을 꺾으셨다. 그분이 승리의 전초 기지를 마련하셨기에, 이제 담대히 전진할 수 있다. 우리는 그 승리에 근거해 전투를 이어가기 때문이다. 이것이 오늘 당신이 기도로 받아들여야 할 마음가짐이다.

능력 기도, 이렇게 하라

우리 마음과 생각의 싸움에서 승리를 가져다주는 중요한 기도 중 하나를 소개한다. 아래의 성경 본문에 담겨 있다.

> 우리가 육신으로 행하나 육신에 따라 싸우지 아니하노니 우리의 싸우는 무기는 육신에 속한 것이 아니요 오직 어떤 견고한 진도 무너뜨리는 하나님의 능력이라.
> 모든 이론을 무너뜨리며 하나님 아는 것을 대적하여 높아

> 진 것을 다 무너뜨리고 모든 생각을 사로잡아 그리스도에게 복종하게 하니_고후 10:3-5.

이 말씀을 숙고해보자. 이 싸움을 감당하는 우리 무기에는 하나님의 능력이 담겨 있다. 에베소서 6장 1-18절은 이 무기를 '하나님의 전신 갑주'로 지칭하는데, 그중에는 그리스도께 받은 의와 평안의 복음, 믿음과 구원, 성령의 역사와 하나님 말씀, 기도 등이 포함된다. 이런 무기들은 하나님을 대적하는 모든 세력을 무너뜨릴 힘이 있다.

그렇기에 우리 마음속에 해로운 생각들이 자리 잡게끔 방치할 필요가 없다. 그리스도 안에서, 우리는 원수가 식탁에 앉는 일을 막아야 한다. 하나님의 능력을 의지하는 간절한 기도를 통해 이 일은 가능하다. 우리가 드려야 할 기도의 토대는 고린도후서 본문에 담겨 있다.

"하나님, 제 모든 생각을 사로잡아 그리스도께 복종시키게 해주세요."

이 기도는 역설적으로 들리지만, 그렇지 않다. 즉, 그리스도께서 모든 일을 행하시지만, 우리 역시 기도와 결단으로 그분께 의지해야 한다. 이 두 진리는 서로 결합해 하나로 역사한다. 우리는 주님의 뜻에 온전히 순복해야 한다.

그리스도 안에서, 우리는 하나님 능력을 힘입어 계속 전진하며 싸움을 이어갈 기회를 잡았다. 이는 주님이 승리의 전초 기지를 마련해두셨기 때문이다. 우리의 힘과 승리는 모두 그분에게서 온다. 밀려드는 패배의 메시지에 눌려 살지 않으려면 늘 주님을 따라가야 한다. 누구도 우리를 대신해 자기 생각을 사로잡아 그분께 복종하게 만들 수 없다. 그 누구도 우리 머릿속에 들어와 모든 생각을 조정하고 원수의 훼방을 다 굴복시킬 수는 없다. 이제 자신의 미래와 승리를 위해 그리스도의 뜻을 받들어 나가야 한다.

내 생각을 사로잡아 주님께 복종시키지 못할 때, 원인은 다른 어디도 아닌 나 자신에게 있다. 나는 나 자신에게 설교하는 마음으로 이 진리를 당신에게 전하고, 감추거나 포장하지 않으려 한다. 원인은 어머니나 새아버지에게 있지 않다. 내 삶에 닥쳐온 문제가 그 본질적인 원인은 아니다. 지금 당신이 패배자의 삶을 살고 있다면, 스스로 그런 상태에 머물도록 방치했기 때문이다. 지금 마음의 싸움에서 지고 있다면, 이렇게 고백하면서 담대히 전진해보라. "내가 치러야 할 마음의 싸움이 아직 남아 있습니다. 나는 이 싸움에서 반드시 승리할 것입니다. 예수님이 성취하신 십자가 사역의 능력이 내 안에 있기 때문입니다."

당신은 지금 마음의 이야기를 근본적으로 바꾸기로 결단하며, 자기 생각을 기도로 그리스도께 복종시켜야 한다. 그러면 이 일은 구체적으로 어떻게 이루어질까?

원수의 거짓말을 파악하라

먼저 마음속의 거짓된 생각을 분별해야 한다. 놀랍게도 많은 이들이 이 일을 무시한다. 당신은 그 생각이 지극히 해로운 거짓말에 불과함을 밝혀내야 한다. 우리는 온갖 생각을 무분별하게 받아들이고, 기존 사고방식을 지나치게 신뢰한다. 사실 나도 그렇다.

때로는 원수가 심어주는 악한 생각이 우리 마음속에 들어온다. '이 죄를 지으면 기분이 나아질 거야. 먹고 싶은 걸 마음껏 먹고, 내 기분대로 화를 좀 터뜨리고, 욕심대로 하면 마음이 좀 풀릴 것 같은데.'

우리는 그런 생각을 소중히 여기고 은밀히 간직한다. '지금 내 삶이 너무 힘드니까 조금은 마음이 느슨해져도 괜찮아. 지난번에 죄를 짓고 나서 기분이 정말 별로였는데, 이번에도 분명히 그렇겠지. 하지만 잠시나마 즐길 수 있다면, 그런 기분에 시달려도 상관없다고.'

와우. 원수가 방금 당신의 식탁에 앉았다.

이런 생각을 단호히 거부하라. 그 생각들이 해로운 거짓말임을 간파하고 이렇게 선포해야 한다. "네가 마음속에 자리 잡기 전에 먼저 철저히 살펴봐야겠어. 내 눈에 너는 하나님 말씀과 일치하지 않는 것 같거든. 하나님이 너를 보내시지 않은 게 틀림없어. 당장 꺼져!"

우리 머릿속에서 또 다른 생각이 떠오른다. '나는 참 한심한 놈이야.' 그 생각이 우리 마음속에 머물게끔 방치할 건가? 아니면 그 정체를 알아채고 제거하는 것이 옳겠는가?

이렇게 자문해보라. "이 생각은 어디서 왔을까? 그 출처는 하나님일까? 과연 그 생각이 하나님 말씀인 성경 내용에 부합할까? 정말 하나님 아버지도 그렇게 생각하실까? 그럴리 없어. 선한 목자이신 하나님은 나를 푸른 초장으로 이끄시고 내 영혼을 회복시키셔. 그분은 의의 길로 인도하시는 분이야. 그런 하나님이 나를 '한심한 놈'으로 부르실 것 같지는 않아. 골로새서 3장 12절은 나를 '거룩하고 사랑받는 자'라고 해서. 그러니 나를 한심하다고 말하는 존재는 하나님이 아니야. 그것은 원수의 음성임을 알 수 있지. 나는 이 생각을 간직하지 않을 거야!"

예수 이름의 권세 사용하기

이제 당신은 그 생각이 거짓임을 분별했다. 그런 다음에는 예수님의 이름으로 그 생각을 결박해야 한다. 고린도후서 10장 5절을 보자. "모든 생각을 사로잡아 그리스도에게 복종하게 하니." 누군가를, 뭔가를 사로잡는다는 것은 곧 체포한다는 의미다. 당신은 법적인 권한 아래 그를 제압하며 감금해서 다른 사람을 더 이상 해치지 못하게 만든다.

예수님의 이름으로 악한 생각을 결박할 때, 이제 원수가 우리 마음속에 머물 곳이 없음을 고백하면서 이렇게 기도한다. "전능하신 하나님, 예수 그리스도의 이름으로 이 생각을 결박합니다. 주의 명령대로 이 생각을 사로잡습니다. 저는 성령님의 능력으로 이 일을 감당하며, 당신의 뜻을 따라 살기로 결단합니다. 이제 그 악한 생각을 굴복시킵니다. 그것은 더 이상 저를 지배하지 못합니다. 그 생각은 이미 깊은 감옥으로 끌려갔습니다."

이때 우리는 하나님을 향해 기도한다. 때로는 사탄과 그 악한 무리가 기도 소리를 듣게 하는 것도 유익하다. 영의 세계는 눈에 보이지 않지만 실제로 존재하며, 우리를 늘 둘러싸고 있다. 물론 성경에 따르면 사탄은 전지하지 않다. 하나님과 달리, 그는 모든 시대와 장소에서 벌어지는 일들을 전부 헤아리지는 못한다. 그렇기에 나는 사탄이 우리 마음의 생각을 다 안다고 여기지 않으며, 가끔 큰 소리로 그를 대적할 필요가 있다고 느낀다. 이때 나는 늘 유다서 9절 어조로 기도한다. 이 구절에서 천사장 미가엘은 마귀와 다투면서 이렇게 선언했다. "주께서 너를 꾸짖으시기를 원하노라!" 이는 예수 그리스도께 그 악한 자를 물리칠 능력이 있으며, 지금 그분이 내 안에 계신다는 것을 선포하는 기도다.

우리가 예수님의 이름으로 기도하며 사탄을 꾸짖는 이

유는 무엇일까? 그 능력이 우리 자신에게서 나오지 않기 때문이다. 그것은 예수님께 속한 능력이다. 우리는 하늘과 땅의 모든 권세를 소유하신 그분의 이름에 의지해야 한다 마 28:18. 성경은 우리에게 "무엇을 하든지 말에나 일에나 다 주 예수의 이름으로" 골 3:17 하라고 말씀한다.

  이 지점에서 당신은 이렇게 생각할 수 있다. '루이의 말이 조금 나가는 것 같은데. 예수님의 이름으로 내 생각들을 묶으라고? 예수님을 좋아하고 교회도 매주 나가지만, 저 이야기는 정신 나간 소리로 들리는데.' 그렇지 않다. 정말로 정신 나간 짓은 원수가 마음속에 자리 잡게 허용하면서 죄의 길로 달려가는 것이다. 원수를 당신의 식탁에 앉히고, 살인자요 속이는 자인 그의 말을 듣는 것이야말로 미친 짓이다. 악한 자가 마음의 싸움에서 승리하도록 하지 말라!

  의심스러운 생각이 떠오를 때, 그것이 하나님의 의로운 성품이나 성경의 명확한 가르침과 일치하는지 헤아려보라. 만약 그렇지 않다면, 예수 그리스도의 이름으로 그 생각을 결박해야 한다. 소리 내어 기도하거나, 은밀히 마음속으로 주님께 기도하라. 구체적이고, 의도적으로 이렇게 기도하여 그 생각이 마음속에 뿌리내리지 못하게 하라.

  "예수님의 이름으로 이 생각을 묶습니다!"

  고린도후서 10장 5절 말씀처럼, 우리의 목표는 자기 생각들을 사로잡아 "그리스도에게 복종하게" 하는 데 있다. 이

때 우리는 주님 뜻에 부합하는 생각을 택하고, 성경에 담긴 하나님의 교훈과 그분의 뜻에 어긋나는 생각을 배척한다. 예수님의 이름으로 악한 생각을 사로잡지 않으면, 그 생각이 우리를 사로잡는다. 악한 생각을 속박하든지 아니면 그 생각에 속박되든지 둘 중 하나다. 우리는 신속히 판단해야 한다. 예수님의 이름을 권세 있게 사용하라. 하나님에게서 오지 않은 생각, 그분 말씀에 부합하지 않는 생각들을 모두 결박해야 한다.

당신은 예수님이 붙잡히시던 날 밤 겟세마네 동산에서 있었던 일을 아는가? 가룟 유다가 로마 군대를 이끌고 와서 입맞춤으로 배신하기 전, 주님은 그 동산에서 기도하고 계셨다. 그분의 고뇌와 번민이 실로 깊었기에, 땀이 핏방울처럼 바닥에 떨어졌다. 예수님은 십자가의 길을 피하게 해주시기를 아버지께 세 번이나 구하셨다 마 26:39, 42, 44.

인류 역사상 가장 중대한 일을 감당하기 위해, 주님은 지극히 큰 시험을 겪으셔야 했다(우리도 하나님을 위해 큰일을 행하려면 큰 시험을 각오해야 한다. 그런 시험을 견뎌내야 주님이 쓰시는 일꾼이 될 수 있다).

마침내 주님은 우리를 거룩하게 만드시려는 성부 하나님의 뜻을 좇아 우리 죄를 대신 지기로 하셨다. 그분도 이처럼 자기 생각들을 사로잡아 전능하신 하나님께 복종시키셔야 했던 것이다. 주님은 기도를 마치면서 이렇게 고백하셨다.

"내 원대로 마시옵고 아버지의 원대로 되기를 원하나이다"
눅 22:42. 이 극심한 유혹의 순간에도, 예수님은 죄를 짓지 않으셨다. 이는 우리 생각을 하나님 앞에 내려놓는 일의 완벽한 본보기였다! 주님이 친히 그 모범을 보이셨다.

자기 생각의 디제이가 되자

여기까지 우리는 해로운 생각들을 분별하고, 예수님의 이름으로 그것들을 결박했다. 이제 성경으로 삶의 이야기를 바꾸어나가야 한다. 온갖 죄의 유혹과 고난을 겪을 때, 우리는 이를 통해 이야기의 궤도를 변화시켜 나갈 수 있다. 이를 위해 무엇보다 성경을 잘 알아야 한다.

이때 성경을 암송하며 그 구절들을 마음속으로 되뇌는 일이 필요하다. 이를 통해 거짓된 생각들을 버리고 하나님의 진리들을 배워가게 된다. 우리는 성경의 교훈들을 숙지하고, 진리의 말씀을 몇 번이고 거듭 자신에게 들려주어야 한다. 그리하여 하나님의 진리를 명확히 깨닫고 그 길로 나아가게 된다.

어떤 이들은 이렇게 말할지 모른다. "성경을 외울 시간이 없어요." 정말일까? 당신에게는 매일 운동할 시간이 있다. 다음날 출근 전까지 사업 제안서 세 개를 살펴볼 수 있고, 주말에 TV 드라마를 몰아서 보기도 한다. 당신은 아침 출근길에

유튜브를 보거나, 은밀히 나쁜 생각을 즐길 시간도 있다. 그러니 성경을 암송할 시간도 충분하다. 승리를 원한다면 싸울 준비가 되어 있어야 한다. 그렇지 않으면 질 수밖에 없다. 일단 마음의 싸움에서 지고 나면, 당신은 삶에서도 완전한 패배자가 되고 만다.

이 싸움에서 승리하려면 작은 일부터 시작하라. 성경 구절들을 작은 메모지에 적어 매일 아침 헬스장에서 자전거를 탈 때 모니터 위에 올려두라. 그때마다 30분씩 말씀을 묵상하는 것이다. 이틀에 한 번씩 TV 시청을 줄이고 성경을 암송하거나, 출근길에 오디오 성경을 들어도 좋다. 말씀을 듣는 동안, 우리 마음은 하나님의 진리로 조금씩 차게 된다. 당신은 지금 마음의 싸움에서 승리하는 쪽을 선택할 수 있다. 말씀으로 생각을 새롭게 하며, 늘 그 진리에 마음을 두라. 말씀을 되새기는 동안에 하나님이 당신의 삶을 자유롭게 하시는 것을 체험하기 바란다.

말씀을 마음에 굳게 새기라고 가르치는 성경 구절을 숙고한 적이 있는가? 몇 구절을 들어보겠다. 시편 119편 11절은 범죄하지 않도록 하나님 말씀을 마음에 두라고 가르치며, 여호수아 1장 8절은 그 말씀을 우리 입에서 떠나지 말게 하라고 명령한다. 이를 위해 그 진리를 주야로 묵상해야 한다. 골로새서 3장 16절은 그리스도의 말씀이 우리 안에 풍성히 거하게 하라고 권면하며, 마태복음 4장 4절은 하나님 말씀을 생명의 양식으로 여기며 살라고 일깨운다. 히브리서 4장 12절은 하나님 말씀이 살아 있고 활력 있다고 묘사하며, 요한복음 15장 7절은 주님의 말씀이 우리 안에 거하게 하라고 가르친다. 그리고 신명기 11장 18-20절은 말씀을 마음과 생각에 새기고 손과 이마에 기록하며, 자녀들에게 가르치라고 명한다. 그 교훈을 집 안팎에서 늘 전파하며, 자리에 눕고 일어날 때마다 깊이 숙고해야 한다. 시편 19편 7절은 항상 말씀 안에 거할 것을 권고하는데, 이는 심령의 회복을 위함이다. 그리고 시편 119편 32절은 하나님 계명의 길로 달려갈 것을 교훈하며, 이를 통해 마음이 죄와 유혹에서 해방된다고 가르친다.

예수님은 광야에서 원수의 시험을 어떻게 물리치셨을까? 그분은 성경 말씀을 계속 인용하셨다. "기록되었으되 … 기록되었으되 … 기록되었으되." 우리도 이것을 승리의 비결로 삼아야 한다. 이를 위해 삶 전체를 성경의 다스림 아래 두며, 우리의 눈과 귀, 온 마음이 그 말씀에 붙들려야 한다. 집 안 곳곳의 가구와 거울, 컴퓨터와 책상 위에 그 구절들을 붙여놓으라. 늘 하나님 말씀을 전하고 노래하며, 그 말씀의 곡조에 귀를 기울여야 한다.

성경은 우리를 죄에서 지키며 시 119:11, 근심을 극복하게 돕는다 빌 4:6. 성경은 우리로 믿음을 간직하고 주 안에서 자라가게 인도하며 골 2:6-7, 우리 삶을 향한 하나님의 선하고 온전하신 뜻을 일깨운다 롬 12:2. 이처럼 우리 일상이 성경 진리로 가득 찰 때, 우리는 마음의 '플레이리스트'를 통제하게 된다. 이때 우리는 자기 생각의 디제이DJ가 된다.

자유냐 부추냐

끝으로, 성경은 마음과 생각의 영역에서 당신이 적극적인 공세를 펼칠 수 있다고 말씀한다. 우리는 늘 원수의 유혹에 걸려 넘어질 가능성이 있다. 해로운 생각들을 분별하고 예수님의 이름으로 결박하며 성경을 암송하는 동안에도, 우리는 이전 삶의 방식으로 돌아가도 된다는 유혹을 계속 받는다. 돌이켜 보면, 과거는 늘 그 당시보다 더 좋아 보인다. '아, 그때는 그런 환상에 젖어 살았지. 은밀한 생각을 즐기는 게 참 짜릿했는데.'

이스라엘 자손이 애굽의 종살이에서 풀려난 뒤, 그들은 실제로 귀환을 꿈꿨다. 민수기 11장 5-6절은 그들이 광야에서 하나님이 주신 만나를 두고 불평하는 모습을 기록한다. 백성은 약속된 승리의 길로 나아가기는커녕, 고작 애굽의 "오이와 참외와 부추와 파와 마늘"을 먹었던 일을 그리워하며 한탄했다. 이 얼마나 정신 나간 일인가? 이스라엘 자손은 양파를 너무 좋아한 나머지, 자신의 소중한 자유를 그것과 맞바꾸려 했다. '차라리 애굽으로 돌아가 종살이를 합시다. 그곳에서는

양파를 실컷 먹을 수 있잖아요?'

빌립보서 4장 8절은 우리 앞에 다른 길을 제시한다. 그 말씀이 보여주는 것은 단계별 지침이 아닌 일종의 이정표다. 이 구절은 우리가 무엇을 생각해야 할지를 구체적으로 알려주지는 않지만, 언제나 기억해야 할 여러 생각의 범주들을 보여준다. 원수를 공격하는 방법은 여기에 있다. 그저 우리 앞에 닥쳐오는 해로운 생각들을 물리치는 데 머물지 않고, 순전하고 유익한 생각들을 적극적으로 품는 것이다. 빌립보서 4장 8절은 우리가 살펴야 할 범주들을 이렇게 제시한다.

> 무엇에든지
> 참되며 경건하며
> 옳으며 정결하며
> 사랑받을 만하며 칭찬받을 만하며
> 덕이 있으며 기림받을 만한 일들.

우리 삶의 이야기를 변화시킬 한 가지 방법은 이것이다. "매일 아침 눈뜰 때마다 이 일들 생각하기." 이 생각들을 온종일 잊지 말라. 밤에 잠들 때도, 이 진리들을 자신에게 들려주어야 한다. 또 다른 방법은 날마다 하나의 범주를 택해서 묵상하는 것이다. 하나님과 사람 앞에 '칭찬받을' 일들을 종일 생각하면서 찾아올 유익한 결과들을 상상해보라. 그리고 각 요일마다 이런 식으로 성경 진리들을 되짚어볼 수도 있다.

- 월요일. 하나님이 내 이름을 아신다 사 43:1.
- 화요일. 하나님이 나보다 앞서 행하신다 신 31:8.
- 수요일. 내게 힘을 주시는 분 안에서 모든 것을 한다 빌 4:13.
- 목요일. 현재의 고난은 장차 올 영광에 비하면 아무것도 아니다 롬 8:18.
- 금요일. 나를 치려고 만들어진 무기가 쓸모없게 될 것이다 사 54:17.
- 토요일. 나는 하나님의 자녀다 롬 8:16.
- 주일. 예수님을 다시 살리신 하나님의 능력이 내 안에 거하고 있다 엡 1:18-20.

나도 이 습관을 매일 실천하고 있다. 오늘 아침에 이 장의 초고를 집필하면서, 이 내용이 아무에게도 도움이 되지 않을지도 모른다는 생각이 문득 떠올랐다. '괜히 시간 낭비하는 건 아닐까? 이 책을 읽고 싶어 할 사람이 있을까? 누가 관심을 보이기나 할까?' 온갖 부정적인 생각이 마음을 뒤덮기 시작했다. 점점 침체되는 자신을 느꼈다. 그러다 홀연히 지금 무슨 일이 벌어지고 있는지를 깨달았다. 나는 서재에서 큰 소리로 부르짖었다. "주님, 도와주세요. 이 생각들은 당신께 속한 것이 아닙니다."

나는 예수님의 이름으로 이 생각들을 결박하면서 기도를 이어갔다. 그런 다음에는 공격을 시작했다. 이때 떠올릴 만한 참되고 경건하며 옳고 선한 일들은 무엇이었을까? 나는 예수님의 이름으로 해로운 생각에서 해방되며, 원수를 식탁에 앉히지 않기로 결단하기 시작할 독자들을 상상했다. 그러다가 새벽에 묵상했던 성경 구절이 불현듯 떠올랐다. "내가 모세와 함께 있었던 것같이 너와 함께 있을 것임이니라"수 1:5. 이 말씀의 진리가 강력히 역사해, 마음속에 자리 잡으려던 부정적인 생각들을 전부 소멸시켰다.

남은 하루 동안, 그 성경 구절은 내 마음의 이야기가 되었다. 나는 이 책의 작업을 재개하면서 그 말씀을 되새겼다. "모세와 함께하셨던 하나님이 지금 내 곁에 계신다."

이날 원수는 식탁에 앉지 못했다.

8

은혜의 문이 열리기 시작할 때

원수를 식탁에 앉히지 않으려고 애썼지만 결국 실패할 때도 있다. 이때 우리 삶은 어떻게 될까? 하나님이 당신과의 관계를 끝내시고, 그분과 교제하며 섬길 자격까지 잃게 되는 건 아닐까? 그렇지 않다. 복음의 본질은 하나님이 예수 그리스도 안에서 우리 죄를 용서하시고 새롭게 하신다는 데 있다. 우리에게 요구되는 것은 진실한 고백인데, 이는 자신이 원수의 생각을 즐기고 그 생각대로 살았음을 주님 앞에 시인하며 뉘우치는 일이다. 우리가 회개할 때, 하나님은 그 죄들을 제거하신다. 그분은 우리를 용서하고 정결케 하시며, 식탁에서 마귀를 내쫓아주신다. 잠언 28장 13절은 이 고백의 중요성을 이렇게 언급한다. "자기의 죄를 숨기는 자는 형통하지 못하나 죄를 자복하고 버리는 자는 불쌍히 여김을 받으리라."

하지만 이렇게 죄를 고백한 뒤에도, 우리는 여전히 죄책과 수치심이라는 두 가지 문제에 시달린다. 흔히 이 둘을 하나로 묶어 생각하지만, 실제로는 뚜렷이 구별된다. 때로 사람들은 이 개념을 바꿔 가며 사용하지만, 그 차이를 아는 것이 중요하다.

죄책은 자신의 죄와 허물에 대한 책임을 나타낸다. 이것은 자백과 뉘우침을 뜻하는 법률 용어다. 영적인 관점에서, 우리 선택이 하나님의 표준에 못 미칠 때는 마땅히 책임을 져야 한다. 무언가 부적절하고 불명예스러운 일, 거짓되고 무례하며 비난받을 만한 일, 더럽고 추한 일을 생각하고 말하며 행했다면, 당신은 이미 원수를 식탁에 앉힌 셈이다. 이때 하나님의 법정에서는 분명한 판결이 내려진다. 당신은 마음의 태도와 행실에서 하나님의 영광에 미치지 못했으며, 그 책임은 당신 자신에게 있다. 당신은 유죄다.

다른 한편, 수치심은 우리의 전 존재가 그 죄와 허물을 통해 규정된다고 느낄 때 생기는 감정이다. 수치심에 빠진 이들은 자기 죄책을 시인할 뿐 아니라, 자신의 본질적인 정체성이 그 죄와 긴밀히 얽혀 있다고 믿는다. 죄책이 하나의 법적·영적 상태라면, 수치심은 일종의 감정적·심리적인 상태이다. 자기 죄책에 직면할 때, 우리는 그릇된 일 행한 것을 인정하면서 말한다. "제가 나쁜 짓을 했습니다. … 제가 악한 생각을 했습니다." 그리고 수치심에 빠질 때, 우리는 자신을 죄와 동일시하면서 이렇게 자책한다. "제가 잘못된 인간입니다. 제가 나쁩니다."

이 장에서 나는 죄책과 수치심을 따로 다루려고 한다. 두 문제의 해결책이 같더라도, 성격은 각기 다르기 때문이다. 우리가 죄책과 수치심에서 해방되는 길은 오직 하나님의 은혜뿐이다. 물론 법적이며 사회적인 면에서 사과와 보상이 필요할 수 있다. 교도소에서 복역하고 벌금을 물거나 어떤 시정 조치를 이행해야 할 수 있고, 이런 일들은 실제로도 중요한 해결책이다. 하지만 우리의 궁극적인 해법은 늘 하나님의 은혜에 있다. 지금 많은 이들이 무거운 죄책과 수치심에 눌린 채로 살아가며, 주님이 십자가에서 우리를 위해 성취하신 자유를 제대로 누리지 못하고 있기 때문이다.

수치심을 잠재우는 은혜의 힘

자유를 향한 길은 하나님의 은혜를 입은 모든 사람에게 열려 있다. 은혜는 뭔가 느슨하고 어설픈 샌님 같은 존재가 아니다. 은혜에는 굳은 결단력, 단단한 뼈대 그리고 근성이 있다. 은혜는 죄의 세력을 무너뜨리는 그분의 강펀치다.

먼저 하나님의 은혜가 우리의 수치심을 어떻게 없애주는지 살펴보자. 수치심은 지극히 강력하고 파괴적인 감정이다. 거기에 사로잡히면, 우리는 하나님의 사랑을 누리거나 그분의 목적과 계획을 받들 자격이 없다고 느낀다. 수치심은 자기 자신이 돌이킬 수 없을 만큼 망가졌다고 믿게 한다. 그리하여 우리는 점점 더 어두운 곳에 숨는다. 하나님의 존재를 부인하면서 그분의 손길에서 벗어나려 하고, 자신의 분주한 삶과 업적이나 각종 직함과 호칭 뒤에 숨어 다른 이들과 대면하지 않으려 한다. 당신은 아무에게도 자신을 알리고 싶지 않아 늘 일정한 거리를 두며, 이전에 겪은 일을 애써 감춘다. 이 수치심 때문에 힘겨운 과거에 갇힌다.

하나님이 에덴동산에서 아담과 하와를 창조하신 후에 "아담과 그의 아내 두 사람이 벌거벗었으나 부끄러워하지 아니하〔였다〕"창 2:25. 이 말씀은 우리에게 시사하는 바가 크다. 창세기에 따르면, 인간 타락 이전에는 하나님이 지으신 모든 것이 선했다. 아담과 하와가 벌거벗었지만 부끄러워하지 않았던 것은 그 낙원의 선함을 드러내는 모습 중 하나였다. 에덴동산은 실로 아름다웠으며, 각종 동식물과 음식이 있었다. 모든 것이 태초의 순수한 상태였다. 그리고 그 동산에는 수치심이 없었다.

그때 타락이 찾아왔다. 아담과 하와는 재앙 같은 결정을 내렸으며, 그 일은 엄청난 결과를 가져왔다. 그들의 선택으로 온 세상이 깨어졌다. 그들의 삶 속에 즉시 죄책과 수치심이 들어왔고, 이 상황은 이후 우리 삶에도 그대로 이어진다. 처음에 아담과 하와는 벌거벗었음에도 부끄러워하지 않았지만, 이제는 무화과 나뭇잎으로 애써 몸을 가리면서 하나님을 피해 숨어야만 했다.

감사하게도, 하나님은 에덴동산에서부터 구원 계획을 실행하셨다. 아담과 하와를 돌보시고 가죽옷을 지어 입히셨다. 이때 하나님은 장차 십자가에서 아들이 이루실 일을 미리 선포하셨다. 뱀은 예수님의 발꿈치를 상하게 하겠지만, 결국 예수님이 그 뱀의 머리를 짓밟고 승리한다는 것이었다 ^{창 3:15}. 하나님의 계획은 죄와 사망을 멸하시고 우리를 그분의 인격과 목적에 다시 온전히 연합시키는 것이다.

우리가 수치심에서 해방된 삶을 살 수 있는 이유는 이 십자가 사역 덕분이다. 이 진리를 굳게 붙들라. 더 이상 수치심을 삶의 일부로 삼을 필요가 없다! 이에 관해서는 앞으로 더 자세히 다루겠다.

죄책감은 우리 운명이 아니다

둘째로, 은혜가 어떻게 우리의 죄책을 해결하는지 살펴보자. 하나님 은혜가 임할 때, 우리의 영적 죄책이 예수님의 십자가 사역을 통해 소멸되고 모든 죄에서 해방된다. 이제 우리는 은혜 안에서 하나님 앞에 온전히 설 수 있다. 우리 죄에 대한 하나님의 형벌이 있었으나, 예수님이 그 형벌을 다 치르고 우리를 해방하셨다.

구약에서도 지금 우리가 누리는 이 은혜의 암시를 찾아볼 수 있다. 당시 하나님은 이스라엘 백성을 향해 오래 참으시면서 그들이 자신의 거룩한 뜻에 응답하기를 기다리셨다. 이사야서 6장은 선지자 이사야가 하늘에 계신 주님의 환상을 본 일을 기록한다. 그것은 실로 아름답고 장엄한 모습이었지만, 이사야는 "와, 멋진데!"라는 식으로 반응할 수 없었다. 오히려 죄책감에 사로잡혀 이렇게 부르짖었다. "화로다, 나여! 망하게 되었도다. 나는 입술이 부정한 사람이요 나는 입술이 부정한 백성 중에 거주하면서 만군의 여호와이신 왕을 뵈었음이로다"사 6:5. 이사야는 하나님 앞에서 산산이 부서지는 것을 경험했다. 하나님을 본 순간 자신이 누구인지, 하나님이 어떤 분이신지 그 차이를 바로 알아차렸다.

이런 이사야의 반응은 십자가에서 완성된 예수님의 사역을 떠올리게 한다. 우리는 진실한 회개를 통해 그 사역의 효력을 누릴 수 있다. 이때 우리는 이사야처럼 이렇게 고백한다. "화가 있도다. 저는 하나님의 거룩한 기준에 미치지 못했습니다. 하나님의 뜻과는 거리가 먼 삶을 살았고, 하나님의 최선을 구하지도 않았습니다. 이제 그 사실을 인정하고 책임도 제게 있음을 고백합니다. 전능하신 하나님 앞에서 그릇된 선택과 허물에 대한 책임은 오직 내게 있습니다." 이처럼 자기 죄를 인정하든 안 하든 간에, 그 책임이 오직 우리에게 있다는 것은 분명한 사실이다.

회개는 부정적인 일이 아니다. 우리가 죄책을 시인할 때 은혜의 문이 열리고, 하나님이 그 문을 통해 임하셔서 우리 스스로는 행할 수 없는 일을 이루시기 때문이다. 하나님은 이사야에게도 그런 은혜를 베푸셨다. 6-7절은 한 천사가 불붙은 숯을 들고 그에게로 날아오는 장면을 묘사한다.

이제 이사야 입장에서 당시 상황을 상상해보자. 그는 날개가 여섯 개 달린 천상의 스랍이 하늘에서 빠르게 내려오는 놀라운 모습을 보았다. 천사의 손에는 하나님의 제단에서 가져온 불타는 숯이 들려 있었다. 이사야는 그 장면을 보며 모든 게 다 끝났다고 생각했을 것이다. 그는 자신이 곧 불에 타서 진멸된다고 여겼다.

하지만 천사는 그 숯을 이사야의 입에 가져다 대면서 선언했다. "보라, 이것이 네 입에 닿았으니 네 악이 제하여졌고 네 죄가 사하여졌느니라"6:7. 이는 그가 하나님 앞에서 진멸되지 않는다는 복된 소식이었다. 이사야의 회개로 은혜의 문이 열렸으며, 하나님은 그에게 임하셔서 사실상 이렇게 말씀하셨다. "나는 너를 끝장내지 않는다. 다만 네 죄책을 끝장낼 것이다. 이제 그 죄책은 사라지고, 네 죄는 사함받았다."

신약에서, 우리는 또 하나의 살아 있고 불타는 숯이 하늘에서 내려오는 모습을 본다. 그것은 하나님의 거룩한 독생자 예수 그리스도시다. 그분은 갈보리 언덕에서 우리의 죄책을 대신 짊어지고서 무죄한 자기 생명을 내어주셨다. 예수님은 자신의 죽음과 묻힘, 부활을 통해, 우리를 위한 자유의 종을 울리셨다. 아무 흠 없는 그분이 십자가에 달리셨을 때, 하늘 법정에서는 위대한 교환이 일어났다. 하나님이 우리의 죄와 허물을 당신의 의로운 아들 예수님께 전가하신 것이다. 그러고는 그분의 순전한 의를 우리에게 베푸셨다. 이제 진심으로 회개하는 모든 이들에게, 하나님은 스랍이 이사야에게 공표했던 것같이 용서를 선포하신다. "이제 너의 죄책이 제거되고, 네 죄가 속함을 입었다." 우리는 그리스도 안에서 순전하고 흠 없는 자들이 되며, 거룩하고 의로우신 하나님의 손길로 죄에서 해방된다. 이제 모든 죄책이 예수님의 공로로 제거되고, 우리 삶은 온전히 새로워진다.

요한일서 1장 9절에도 이 진리가 나온다. "만일 우리가 우리 죄를 자백하면 그는 미쁘시고 의로우사 우리 죄를 사하시며 우리를 모든 불의에서 깨끗하게 하실 것이요." 성도들에게 복음의 능력을 깨닫게 하려고 사도는 이 편지를 썼다. 이는 우리의 고백이 얼마나 중요한지를 보여준다. 어떤 죄를 고백하는 것은 그 책임이 자신에게 있음을 인정하는 일이다. 성도가 그렇게 고백하면 하나님과의 교제가 새롭게 회복된다.

이제 우리는 하나님 앞에 이렇게 아뢴다. "하나님 아버지, 제 죄를 뉘우칩니다. 그것은 전부 제 허물입니다. 그리스도 안에서 용서해주심을 감사합니다. 이제 큰 은혜와 능력을 베푸셔서, 의의 길로 가게 해주소서." 우리는 자신의 죄를 시인하는 한편, 하나님의 용서하심을 믿고 고백한다. 이는 실로 복된 소식이며, 전심으로 기뻐할 이유다!

그러나 원수는 이 일을 조용히 넘어가지 않는다. 온갖 방법을 동원해 우리를 끝없는 죄책감에 빠뜨리려 든다. 당신은 이렇게 속삭이는 끔찍한 목소리를 들은 적이 있는가? "그래, 네가 그리스도인이라는 건 알겠어. 죽으면 천국에 간다고 믿는 모양이지? 그것 참 멋지군. 지금 네 인생을 지옥처럼 만들어주마. 과거와 현재, 미래에 걸친 네 모든 허물을 낱낱이 파헤쳐줄게. 맞아. 너는 깊은 죄책감을 향한 여행을 떠나게 될 거고, 나는 그 배의 선장이야."

우리는 쉽게 그 배에 올라탄다. 원수는 우리의 온갖 죄와 허물을 기억하고 있으며, 그 추악한 면모들을 일일이 되살려낼 것이다. 다른 한편으로는, 우리 죄를 숨기면 모든 일이 잘 풀린다고 말하면서 이렇게 유혹한다. "네 죄를 은밀히 즐기기만 하면 돼. 그러면 기분이 금세 좋아질 거야."

아니, 그렇지 않다. 얼른 그 배에서 뛰어내려야 한다. 우리 죄를 숨기는 동안에는 그 죄책이 없어지지 않는다. 오직 그리스도께 속한 은혜의 빛 아래로 나아올 때, 비로소 죄가 사함을 입고 그 죄책이 제거된다. 우리는 거룩하고 인자하신 주님 앞에 나아가 이렇게 아뢰어야 한다.

"주 예수님, 제가 그릇된 일을 행했습니다. 또 다른 이들이 저지른 죄에 시달리기도 했습니다. 이런 일들로 제 삶이 망가지고 훼손되었습니다. 저는 가해자인 동시에 피해자입니다. 이제 주님의 용서와 자유를 원합니다. 더는 당신을 피해 숨고 싶지 않습니다. 제가 범한 모든 죄와 허물을 헤아려주소서. 주님이 이루신 사역으로 제 죄의 결과들이 제거되고, 주님이 채찍에 맞으셔서 제가 나음을 입었음을 믿습니다."

아버지께서 어떠한 사랑을 베푸사

우리는 하나님 은혜로 죄책과 수치심에서 벗어나며, 새 정체성을 얻는다. 여기서 가장 큰 변화는 실패자였던 우리가 하나님의 가족이 된다는 것이다.

1850년에 너새니얼 호손은 《주홍 글자》를 썼다. 이 책에서 헤스터 프린이라는 젊은 여인은 누군가와의 부정한 관계를 통해 아기를 낳는다. 그녀는 간통죄로 감옥에 갇히고 스스로 실패자로 여긴다. 헤스터는 아기가 생후 3개월이 되었을 때 겨우 석방되었다. 하지만 그녀에게 계속 수치심을 심어주기 위해, 마을 사람들은 그녀의 옷 가슴팍에 ('간음'을 뜻하는) 'A'자 모양의 붉은 천 조각을 꿰매고는 세 시간 동안 공터의 교수대 위에 서 있게 했다. 이 공개적인 수치의 기억은 그녀에게 지속적인 형벌로 남았다. 그 후 여러 해 동안, 그곳에서 헤스터는 추방된 자로 취급되었다. 그녀의 정체성은 오직 그

범죄로만 규정된 것이다.

지금도 많은 이들이 자신만의 주홍 글자를 안고 살아간다. 자신이 범한 죄와 허물이 자기를 정의하도록 둔다. 우리는 가슴팍의 글자를 내려다보면서 이렇게 한숨짓는다. "그래, 이게 나야." 혹은 다른 누군가의 죄로 피해를 보고 시달린다. 이때도 당신은 거울을 보면서 탄식한다. "내 인생은 망했어." 다른 사람의 실패까지도 자기 것으로 받아들인다.

하나님은 이런 우리의 정체성을 바꾸신다. 원수는 당신의 상처로 당신을 정의하려고 한다. 하지만 예수님은 그분의 상처로 당신을 정의하신다. 그분의 은혜로, 이제 우리는 새롭게 되었다. 이에 관해, 요한일서 3장 1절은 말한다. "보라, 아버지께서 어떠한 사랑을 우리에게 베푸사 하나님의 자녀라 일컬음을 받게 하셨는가! 우리가 그러하도다."

이것이 우리의 새 정체성이다. 당신은 왕이신 하나님의 자녀이며, 그분께 속한 모든 것의 상속자다. 이제 당신은 하나님의 아낌없는 사랑을 누리며, 이를 통해 실패자에서 가족으로 신분이 달라진다. 그분의 은혜로, 우리 죄책과 수치심이 제거될 뿐 아니라 존재 자체가 새롭게 정의되었다. 이제 우리는 하나님 가족의 사랑받는 일원이며, 전능하신 그분의 식탁에 앉는다.

사도 베드로의 삶과, 하나님께서 그를 어떻게 실패자에서 가족으로 변화시키셨는지 생각해보자. 약간의 배경 설명이 필요할 것이다. 그의 이름은 원래 베드로가 아니었다. 본명은 시몬이었지만, 예수님이 그를 만났을 때 베드로라는 이름을 주셨다. 베드로는 저돌적이며 생각보다 행동이 앞서길 잘했다. 그래서 예수님은 이 다혈질의 어부를 만났을 때, '바위'라는 별명을 붙여주셨다. 그의 이 대담한 성격은 복음서 곳곳에서 드러난다.

최후의 만찬이 있던 날 밤, 예수님은 열두 제자와 함께 계셨다. 그때 주님은 그날 밤 누군가가 자신을 배신한다고 말씀하셨다. 제자들은 그 말씀을 믿지 못했으며, 특히 베드로가 그러했다. 그는 큰 목소리로 의분에 차서 이렇게 장담했다. "저는 아닙니다! 다른 제자 몇 명은 도망칠지 몰라도, 저는 아닙니다. 저는 주님을 배신하지도, 도망가지도 않을 겁니다. 예수님, 저만 믿으세요. 누구보다도 주님을 더 사랑합니다. 저는 함께 갇히거나 죽음을 감수할 준비가 되어 있습니다."

이때 예수님은 그를 바라보며 이렇게 말씀하셨다. "베드로야, 내가 네게 말하노니 오늘 닭 울기 전에 네가 세 번 나를 모른다고 부인하리라" 눅 22:34.

최후의 만찬이 끝났다. 예수님은 제자들을 데리고 겟세마네 동산에 가서 간절히 기도하셨다. 이때 가룟 유다가 로마 군인들을 이끌고 예수님께 왔으며, 희미한 불빛 아래서 입맞춤으로 그분을 배신했다. 예수님은 체포되어 밤새 예루살렘의 여러 통치 기관을 오가면서 조사를 받으셨다. 사람들은 그분을 비웃고 조롱했으며, 심문하면서 때리고 침을 뱉었다. 우리는 그때 다른 제자들이 어디에 있었는지 모른다. 다만 베드로가 예수님을 멀리서 따라간 것만은 분명하다. 스승을 향한 존경심 때문에 거기까지는 감당할 수 있었다.

그러나 그때 위기의 순간이 찾아왔다. 그 불운한 밤에, 예수님은 대제사장 가야바의 집에서 심문을 받으셨다. 날이 추웠기에 베드로는 바깥마당의 모닥불 옆에서 손을 녹이고 있었다. 많은 사람이 주위에 서 있었고, 한 젊은 여자가 그를 의심하기 시작했다. 그녀는 베드로 역시 예수님의 제자 중 하나라고 말했지만, 그는 '사람을 잘못 봤다'라고 딱 잡아뗐다. 또 다른 사람이 베드로의 정체를 알아차렸지만, 그는 다시 부인했다.

한 시간 후, 누군가가 베드로를 갈릴리 사람으로 알아보고 혹시 예수님을 아느냐고 물었다. 이때가 결정적인 순간이었다. 그를 바라보는 사람들의 시선에는 의혹과 적개심이 가득했고, 베드로는 몹시 두려웠다. 그 늦은 시간에, 그는 이미 배고프고 외롭고 지쳤으며 불안한 상태였을 것이다. 결국, 베드로는 세 번째로 예수님을 부인했다.

잠시 생각해보자. 죄의 본질이 여기 있지 않은가? 때로 우리는 주위의 심한 압박 아래 놓인다. 우리는 배고픔과 피로, 고독과 두려움, 깊은 분노에 시달리면서, 예수님께 한 걸음 다가가거나 반대로 멀어질 수 있는 선택의 순간에 직면한다. 이런 상황에서, 우리는 자칫 이렇게 얼버무리기 쉽다. "나는 예수님이 누구인지 모르고, 그분과 아무 상관도 없어요. 나는 그분의 제자가 아닙니다."

베드로가 예수님을 세 번째로 부인했을 때, 수탉이 울었다. 그는 자신이 무슨 짓을 저질렀는지 깨달았다. 베드로는 최후의 만찬에서 주님을 향한 사랑과 충성을 맹세했지만, 막상 위기가 닥쳤을 때 그분을 버리고 말았다. 베드로는 밖에 나가서 깊이 뉘우치며 통곡했다 눅 22:62. 그리고 예수님은 결국 십자가에 달리셨다. (여기서 우리는 사람들이 예수님을 부인할 때도 하나님은 그분의 계획을 이루어가신다는 사실을 되새긴다. 우리는 신실하지 못할지라도, 하나님은 여전히 신실하시다.) 베드로는 자신의 소명을 내팽개쳤지만, 예수님은 그리하지 않으셨다.

예수님은 죽고 묻히셨다. 주일 새벽에 두 여인이 그분의 무덤을 찾았을 때, 그 안은 텅 비어 있었다. 여인들은 급히 돌아와 제자들에게 소식을 전했다. 베드로는 곧장 무덤으로 달려갔고, 그분의 시신을 감쌌던 세마포만 바닥에 곱게 개여 있는 것을 보고는 그 의미를 헤아리는 중이었다. 이후 제자들 앞에 몇 차례 나타나셨지만, 처음에는 베드로와 많은 대화를 나누지 않으셨던 듯하다. 그리고 요한복음 21장의 만남에서, 예수님은 마침내 그를 향한 진심을 드러내 보이셨다.

본문 이야기는 갈릴리에서 펼쳐진다. 베드로와 여섯 제자가 고기잡이를 나갔다. 그들은 밤새 낚시했지만 아무것도 잡지 못했는데, 그때 예수님이 찾아오셨다. 어떤 학자들은 베드로와 제자들이 다시 고기잡이에 나선 일을 대수롭지 않게 여기기도 한다. 결국, 그들은 어떻게든 생계를 이어가야만 했기 때문이다.

하지만 3년 전에 베드로가 처음 부름받았던 때를 떠올려 보자. 당시 예수님은 이렇게 말씀하셨다. "나를 따라오라. 내가 너희를 사람을 낚는 어부가 되게 하리라" 마 4:19. 이 말씀의 뜻은 이러했다. '내게는 너희 삶을 위한 계획과 목적이 있다. 나를 따르라.' 하지만 베드로는 예전 직업과 생활방식으로 되돌아갔다. 그는 자신의 소명을 외면하고, 다시 고기를 낚는 어부가 되었다. 베드로는 자기 가슴팍에 '세 번이나 주님을 배신한 자'라는 이름표를 달고 있다고 여겼을 것이다. 그런 자신에게는 그분의 목적과 계획에 동참할 자격이 없다고 믿었다.

혹시 그와 비슷한 처지에 놓인 적이 있는가? 예수님을 부인하고 깊은 수치심에 휩싸여 있는가? 그분을 무시하고 잊었으며, 옛 삶의 길로 돌아간 상태라면? 당신은 죄를 짓고 원수를 식탁에 앉혔으며, 하나님을 피해 숨는 중이다. 이런 상황에서, 당신은 익숙한 곳을 다시 찾는다. 예수님이 내 삶을 부르시는 곳이 아니더라도 그렇게 한다. 당신은 그곳을 너무나 잘 알기에 쉽게 돌아가지만, 사실상 유익이랄 게 거의 없다. 그곳은 방탕하고 심각한 죄의 영역은 아니지만, 어쩌면 하나님 없이도 살아갈 수 있다고 믿는 자리였을 것이다. 그리고 이런 생각이 가장 중대한 죄일 수도 있다.

이런 처지라면, 우리 삶이 회복될 수 있다고 믿기는 실로 어려울 것이다.

주님을 다시 따를 기회가 주어질 때

베드로 이야기로 돌아가보자. 날이 밝을 무렵, 예수님이 해변에 서 계셨다. 그분은 배 위의 제자들에게 친근하게 말을 건네면서, 고기를 좀 잡았느냐고 물으셨다 요 21:4-5. 예수님은 이미 그 답을 알고 계셨다. 영어 성경으로는 그 물음에 담긴 생생한 뉘앙스를 놓치기 쉽다. 예수님이 제자들에게 건네신 말씀은 일종의 부정적인 대답을 함축하고 있었다. 문자적으로 옮기면, 그분의 물음은 이러했다. "얘들아, 뭘 좀 잡았니? 내가 보니 그렇지 않은 것 같구나." 요즘 식으로 표현하면, 이렇게 말씀하신 것이다. "너희는 밤새 애썼지만 아무 성과도 거두지 못했구나. 너희 보기엔 어떠냐?(내가 보니 그렇지 않은 것 같구나) 너희는 내가 준 사명을 잊어버렸구나. 너희 보기엔 어떠냐?(내가 보니 그렇지 않은 것 같구나) 너희는 익숙하고 편리한 자리로 돌아왔지만, 내게는 너희를 위한 더 큰 삶의 계획이 있다. 너희 생각엔 어떠냐(내가 보니 그렇지 않은 것 같구나)?"

그렇기에 다음 조언이 더욱 강력하게 다가온다. 예수님

은 제자들에게 배 반대편에 그물을 던지라고 말씀하셨다. 제자들이 이미 그렇게 했을 것 같지 않은가? 그들은 경험 많은 어부였으며, 밤새 고기잡이에 나선 상황이었다. 따라서 배 앞쪽과 뒤쪽, 오른쪽과 왼쪽에 전부 그물을 던져보았을 것이다. 그렇다. 그들은 이미 모든 것을 시도해본 상태였다. 그러니 예수님 말씀대로 다시 배 반대편에 그물을 던진다고 해서 달라질 게 뭐 있겠는가?

차이점은 그 말씀을 하신 분이 예수님이시라는 데 있었다. 베드로와 제자들에게는 다시 그분의 음성을 듣고 따를 기회가 주어진 것이다. 당시 예수님은 제자들, 특히 베드로를 향해 이렇게 권면하고 계셨다. '지금 이곳에서 다시 나를 따라오너라. 너희가 옛 삶의 길로 돌아가버린 지금도, 내 부름은 유효하다.' 이사야 30장 21절도 비슷한 권면을 제시한다. "너희가 오른쪽으로 치우치든지 왼쪽으로 치우치든지 네 뒤에서 말소리가 네 귀에 들려 이르기를 이것이 바른길이니 너희는 이리로 가라 할 것이며." 이것은 하나님의 음성이다. 지금 당신은 그 음성에 귀 기울이고 있는가?

다행히 베드로와 제자들은 예수님의 말씀을 따랐으며, 이에 그물은 금세 가득 찼다. 그들의 배는 해안에서 100미터가량 떨어진 곳에 있었으나, 흥분한 베드로는 정말 예수님이신지 보려고 얼른 물속에 뛰어들어 육지로 헤엄쳐갔다. 그리고 다른 제자들은 물고기가 가득 찬 그물을 끌면서 배를 타고 그 뒤를 따랐다. 마침내 해안에 도착했을 때, 그들은 숯불과 갓 구운 떡이 준비된 것을 보았다. 예수님은 방금 잡은 물고기로 함께 아침을 먹자고 제자들을 부르셨다. 이때 그 부르심의 대상 안에 베드로도 포함되어 있었다는 사실이 정말 마음에 든다. 예수님은 그의 잘못을 지적하고 책망하지 않으셨다. 다만 해변의 아침 식사에 초대하셨을 따름이다.

예수님은 우리가 실족할 때 어떻게 회복시켜주실까? 주님이 베드로의 잘못을 다루신 방식은 오늘날 우리에게도 중요하다. 예수님이 심한 고난을 겪으실 때 베드로가 그분을 외면했기에, 주님이 그를 부끄럽게 하셔도 할 말이 없었다. 예수님이 이렇게 말씀하셨어도 놀랍지 않았을 것이다. "베드로야! 네가 나를 세 번이나 부인했다고 들었다. 정말이냐? 이렇게 말하기는 싫지만, 내 그럴 줄 알았다. 너는 왜 가장 결정적인 순간에 나를 버렸느냐? 나한테 미안한 마음이 있기는 한 것이냐? 베드로야, 너는 참 쓸모없는 녀석이고 지독한 위선자다. 당장 내 앞에서 사라져라!"

물론, 예수님은 베드로에게 그런 식으로 말씀하지 않으셨고, 우리에게도 그렇다. 그분은 그저 이렇게 말씀하셨다. "와서 조반을 먹으라"요 21:12. 이 말씀을 풀어보면 이렇다. "이리 가까이 오너라. 몹시 시장하겠구나. 여기 방금 만든 떡과 숯불에 구운 물고기가 있다. 밤새 춥고 지쳤겠구나. 이 따뜻한 불가로 오너라. 잠시 앉아 쉬면서 옷을 말리자꾸나."

식탁에 마주 앉은 예수님이 당신과 식사를 할 때는 어떤 말씀을 하실 것 같은가? 우리는 종종 우리를 비난하고 정죄하는 마귀의 목소리를 묵인하곤 한다. 물론 자신의 죄를 솔직히 시인하고, 그것이 하나님의 선하신 뜻에 어긋나는 것임을 고백할 줄 알아야 하지만 죄를 지은 뒤, 그저 우리는 지독한 비난과 정죄 속에 스스로 갇혀버릴 때가 많다. "너는 이제 끝났어. 너는 참 쓸모없는 녀석이야"라고 자책하며 예수님이 그렇게 말씀하신 듯이 상상하기도 한다. 하지만 로마서 8장 1절은 선포한다. "이제 그리스도 예수 안에 있는 자에게는 결코 정죄함이 없나니." 예수님은 베드로를 대할 때 이 진리의 본보기를 몸소 보이셨다. 그리고 오늘날 우리에게도 동일하게 대하신다.

식사 후, 예수님은 베드로와 더 깊은 대화를 나누셨다. 때로 우리는 두 사람이 조용히 해변을 거닐면서 이야기하는 모습을 떠올리지만, 요한이 기록한 내용을 보면 그도 곁에 있었던 듯하다. 제자들이 다 모인 모닥불 가에서 대화가 이루어졌을 것이다. 예수님은 한 가지 질문을 세 번에 걸쳐 던지셨는데, 그 의미는 본질적으로 이러했다. '베드로야, 너는 나를 사랑하느냐? 너는 이 배와 그물보다, 내가 너를 불러냈던 옛적 삶의 방식보다 나를 더 사랑하느냐?'

이에 베드로가 주님을 향한 사랑을 고백하자, 그분은 이렇게 대답하셨다.

"내 양을 먹이라"요 21:17.

이때 예수님은 베드로와 우리를 위해 실로 놀라운 일을 행하셨다. 예수님은 베드로에게 '네 인생은 끝나지 않았다' 라고 말씀하셨다. 그는 하나님 나라의 과업을 일으키고 세워 나갈 반석 같은 인물이 될 것이다. 예수님은 그를 향해, '그저 나를 부인했던 자로만 머물지 않게 될 것이다'라고 하신 셈이다. 오히려 그에게서 신앙 영웅이자 교회의 전설적인 지도자가 될 소망을 보셨다. 실제로 베드로는 곧 예루살렘에서 성령의 능력으로 복음을 전했으며, 그날 무려 3천 명이 구원을 받았다행 2:14-42.

물론 예수님을 부인했던 베드로의 행동에는 그 대가가 따랐다. 2천 년이 지난 지금도, 우리는 여전히 그 이야기를 읽고 되새긴다. 베드로가 주님을 부인한 사건은 인류의 기억 속에서 조용히 사라지지 않았다. 그 행위에는 합당한 결과가 뒤따랐으며, 이는 오늘날 우리에게도 마찬가지다.

그러나 예수님은 우리의 실패보다 회복에 초점을 맞추신다. 그분은 자신의 은혜로, 베드로의 죄책과 수치심을 모두 제거해주셨다. 이제 베드로의 정체성은 과거에 갇히지 않았다. 그는 실패했지만, 예수님은 그를 실패자나 무가치한 존재로 여기지 않으셨다. 베드로는 더 이상 깊은 수치심에 휩싸이지 않았다. 주님의 은혜 안에서, 그는 다시금 전능하신 하나님의 가족이자 친구가 되었다.

하나님은 오늘날 우리에게도 이같이 행하신다.

환히 빛나는 우리의 삶

때로 우리는 죄책과 수치심의 올무에 매인 나머지, 평생 그 안에서 시달리기도 한다. 이처럼 깊은 자책과 수치심에 시달릴 때, 우리는 스스로 '망가진 존재'로 낙인찍는다. 그리고 때로는 우리 삶에 불행한 일이 닥쳐오며, 다른 이들의 죄로 피해를 겪기도 한다. 이때 우리는 자신을 상처 입고 무력한 자로 여기고 심한 연민에 빠진다.

하지만 이것이 우리 본모습이 아니다. 예수님은 이런 상황 속에 있는 우리를 향해 말씀하신다. "아니, 그것은 너의 참된 정체성이 아니다. 때로 죄를 짓고 피해자가 되었더라도, 죄 자체가 너는 아니다. 너는 전능하신 하나님의 가족이며, 우주의 왕이신 그분의 상속자. 그것이 너의 참모습이다."

해변의 식사 자리에서, 예수님은 우리가 그분을 사랑하는지를 물으신다. 우리가 그렇다고 고백할 때, 회복의 과정을 진행해 나가신다. 주님은 이렇게 말씀하신다. "이제 내 은혜로 네 죄책과 수치심이 사라질 것이다. 교회의 인도자가 되어다오. 내 양을 먹이고, 내가 예비해둔 과업을 감당하거라. 내 이름으로 하나님과 이웃을 사랑하는 삶을 살아가야 한다. 더는 맨 뒤에 홀로 남아 어두운 그늘 속에서 살아가지 않아도 된다. 주위에 높은 벽을 쌓지 않아도 된다. 너를 사랑하고 아끼는 사람들을 피해 숨지 마라. 그들은 네가 자신을 사랑하며 망가진 인격을 회복해가게끔 도울 것이다. 네 소명은 내 이름을 온 세상에 전하는 것이며, 그 사역의 최전선에 서기를 바란다. 너는 하나님 나라의 목적과 계획들을 수행하도록 내가 직접 선택한 도구다. 이제 죄책과 수치심에 매여 살아갈 필요가 없다. 오히려 내 손에 붙들린 삶을 살아가게 될 것이다. 나를 사랑한다고 고백했으니, 더는 뒤로 물러가지 마라. 함께 앞으로 나아가자."

원수는 주님의 이 부르심을 왜곡하려 든다. 그는 식탁에 앉아 우리의 허물을 계속 시끄럽게 떠들어댄다. 마귀는 당신이 자기 음성에 귀 기울이고, 끝내 마음의 싸움에서 패배하기를 바란다. 우리가 주님의 시선을 회피하게 만들려는 것이 그 목표다. 하지만 시편은 우리 앞에 그와 정반대되는 방향을 보여준다. "그들이 주를 앙망하고 광채를 내었으니 그들의 얼굴은 부끄럽지 아니하리로다" 시 34:5. 당신도 이처럼 "광채를 내는" 존재가 될 수 있음을 아는가? 그것은 수치심과 정반대 이미지다. 주님을 바라볼 때, 우리는 환히 빛나는 존재가 된다. 우리 얼굴을 통해 그분의 빛과 사랑이 드러나기 때문이다. 이제는 과거의 수치심에 매이지 않는다.

물론 스스로 용서하기가 힘들 수 있다. 하지만 자기 힘으로 대가를 치른다고 해서 우리에게 새 정체성이 임하는 것이 아니다. 오히려 예수님이 우리를 용서하시고 죄에서 건져내신다는 것을 깨달을 때 생긴다. 이 말씀을 믿음으로 받아들일 때, 우리는 새 존재가 된다. 그분은 우리가 하나님의 자녀이며 모든 죄를 용서받았다고 선포하신다. 당신은 과연 그 말씀을 온전히 믿고 따르고 있는가?

예수님이 그렇게 말씀하시면, 우리는 앞으로 나아갈 수 있다.

9

하나님을 깊이
알아가라는 부르심

각종 스포츠 경기에서, 경기장 꼭대기 층에 있던 두 관객을 선정해 관람석 맨 앞줄로 옮겨주는 이벤트를 열 때가 있다. 관계자가 두 사람을 그곳으로 안내할 때, 전광판에는 그들이 흥분에 겨워 어쩔 줄 모르는 모습이 보인다. 가장 등급이 낮은 데서 귀빈석으로 옮겨 갔기 때문이다. 이처럼 누구나 좋은 자리를 원한다.

여기서 우리는 시편 23편의 당혹스러운 구절을 떠올린다. "주께서 내 원수의 목전에서 내게 상을 차려주시고." 이제는, 앞서 잠깐 다룬 이 구절을 더 자세히 살펴보려 한다. 이 책의 핵심 요점은 여기에 있다. 하나님은 왜 원수들의 '눈앞에서' 우리에게 상을 차려주실까? 그들이 우리 식탁을 빙 둘러앉은 이유는 무엇일까?

우리 식탁은 그저 주님 눈앞에만 있는 편이 더 옳지 않을까? 지금 당장 우리 대적들을 물리치고 환경을 바꾸어주시지 않는 이유는 무엇일까? 우리의 암을 제거해주지도, 사랑하는 이들을 다시 만나게 하지도, 우리를 거짓으로 음해하는 목소리들을 막아주지도 않으시는 이유는 무엇일까?

이 질문들의 답을 찾기 위해, 먼저 주님의 식탁을 상상해보자. 당신은 그분의 잔치에 초대되었으며, 그곳에는 먹음직한 음식들이 가득하다. 하지만 당신의 주된 관심사는 잘 구워진 스테이크나 싱싱한 과일이 가득한 접시가 아니다. 당신 앞에 계신 분이 음식보다 훨씬 더 중요함을 알기 때문이다. 지금 당신은 왕이신 주님 앞에 앉아 있다. 그분은 이 땅의 평범한 인간 왕이 아니다. 당신은 우주의 주인이며 영원하신 하나님과 식사하는 중이다. 우주에서 가장 지혜롭고 인자하며 사랑 많고 창의적이며 기쁨 넘치고 매력적이신 분과 함께 있다.

주님은 격렬한 삶의 전투 속에서 우리와 함께 계신다. 선한 목자는 우리를 기꺼이 맞아주시며 언제나 다가갈 수 있는 분이다. 주님은 그분과 깊고 친밀한 교제를 나눌 수 있도록 우리를 초대하셨다. 온 우주의 왕이신 하나님이 우리와 일대일로 시간을 보내려 하시는 것이다.

우리 부부는 '런던'이라는 이름의 강아지를 키운다. 런던이는 참 멋지고 사랑스럽다. 녀석은 느긋하고 사람들을 기분 좋게 만드는 재주가 있으며, 간식도 잘 먹는다. 런던이와 함께 산책하러 나갈 때마다, 길 가던 사람들이 우리를 보고는 강아지를 한번 쓰다듬어도 되느냐고 묻곤 한다. 이처럼 런던

이는 늘 관심의 대상이다.

런던이의 이름은 우리에게 특별한 의미가 있다. 부부가 정말 사랑하는 도시의 이름을 따서 지었기 때문이다. 1988년에 런던을 처음 여행한 뒤, 셸리와 나는 그곳을 여러 번 다시 찾았다. 때로는 대학생 선교 프로젝트나 내가 담임하는 패션시티교회의 집회 때문이었고, 때로는 그저 그 도시를 더 경험하고 싶은 마음에서 찾은 것이었다. 런던 곳곳에 지인들이 살았기에, 우리는 현지인의 시각에서 그 도시를 돌아볼 수 있었다. 우리는 애비 로드 스튜디오에서 찬양을 녹음했고, 국회의 사당을 자세히 둘러보기도 했다. 그리고 이벤팀 아폴로(런던의 유명한 음악 공연장―옮긴이)와 웸블리 스타디움(런던 최대의 축구 경기장―옮긴이)에서 집회를 열기도 했다.

런던에서 많은 시간을 보냈으니 셸리와 나는 그 도시에 꽤 익숙하다. 여러 해에 걸쳐 조금씩 구석구석을 돌아다니면서 직접 보고 느꼈기 때문이다. 통달할 정도는 아니지만, 런던을 잘 아느냐고 누가 묻는다면 그렇다고 답할 수 있을 정도다. 우리는 그저 도시에 관한 상식적인 수준의 정보만 아는 데서 그치지 않았다. 런던 전역을 자세히 탐험하고 살폈으며, 많은 것을 배우고 또한 경험했다.

당신은 전능하신 하나님도 이렇게 알아갈 수 있음을 아는가? 이 진리를 헤아릴 수 있겠는가?

지금 우리 앞에는 하나님의 놀라운 초대장이 놓여 있다.

셸리와 나는 책을 읽고 사람들과 이야기를 나누면서, 런던이라는 도시에 대해 많은 것을 배우기도 했다. 하지만 그런 지식과 직접 그곳을 돌아다니면서 얻는 경험 사이에는 커다란 차이가 있다.

무한히 위대하신 하나님이 자신을 깊고 친밀하게 알아 가도록 우리를 초대하신다. 이는 주님 곁에 앉아 직접 그분의 어떠하심을 경험하며 그 임재를 누리라는 부름이다. 이 놀라운 가능성을 깨달을 때 우리 삶에서 하나님을 알아가는 것보다 더 귀하고 값진 일은 없음을 확신하게 된다.

이 일은 실로 중요하다. 원수가 식탁에 앉는 것을 막는 강력한 방법 중 하나는 주님께 시선을 고정하는 것이기 때문이다. 그분은 지금 우리 식탁에 함께 앉아 계신다. 우리는 원수가 여전히 바깥에 있음을 안다. 그는 우는 사자처럼 어슬렁거리면서 삼킬 자를 찾고 있다. 하지만 우리의 시선은 영광의 하나님께 고정되어 있다. 우리는 예수님께 초점을 맞추면서 이 마음의 싸움에서 승리한다.

아름다우신 주님 앞에서 할 말을 잃다

하나님을 참으로 알려면 그분과 함께 머무는 법을 배워야 한다.

장인어른은 내 인생에서 가장 소중한 분 중 하나다. 그분은 주위에서 늘 존경받는 분이지만, 매사에 너무 빠르게 움직이신다. 셸리와 처음 교제할 때, 우리는 종종 그녀의 부모님과 함께 식당에 갔다. 음식이 나오고, 우리는 잡담을 나누면서 식사하기 시작했다. 그러다 문득 장인어른 쪽을 보면, 어느새 접시가 비어 있었다. '45초 전까지만 해도 음식이 꽤 남아 있었는데?' 한 번만이라도 먼저 식사를 끝내보자고 마음먹었다. 식탁에 음식 그릇이 놓이는 순간, 나는 즉시 대화를 그쳤다. 가능한 한 빨리 식사를 마치려고 했기 때문이다. 그런데 고개를 들어보니 장인어른은 이미 식사를 끝낸 상태였다!

함께 식사를 빠르게 마치는 것에 익숙해질 때쯤, 셸리와 나는 결혼식을 올린 뒤 그녀의 부모님과 함께 캐나다 북서부로 여행을 떠났다. 우리는 마침내 빅토리아섬에 도착했고, 그곳에서 세계 불가사의 중 하나로 꼽히는 부차트 가든을 방문하기로 했다. 나는 그곳의 경이로움을 온종일 만끽할 준비가 되어 있었지만, 여기서도 장인어른은 바쁘게 움직이셨다.

우리가 그곳에 얼마나 머물렀을까? 온종일? 반나절? 아니다. 부차트 가든에서 '총 27분'을 보낸 것이 전부였다. 게다가 그중 8분은 아이스크림을 사는 데 걸린 시간이었다. 우리가 즐겁게 정원을 돌 때, 장인어른은 계속 비디오카메라를 들고 다니셨다.

마침내 아이스크림이 나왔을 때, 그분은 이렇게 말씀하

셨다. "자, 다들 준비됐니? 이제 가자꾸나." 우리는 이렇게 항변했다. "아니요! 방금 막 도착했잖아요. 이 근사한 곳을 더 즐기고 싶어요."

그러자 장인어른이 이렇게 응수하셨다. "비디오로 이미 다 찍어뒀어. 집에 가서 TV로 보면 된다!" 우리는 너무 서두른 나머지 그곳의 경관을 제대로 누리지 못했다.

전능하신 주님과 함께 머무는 것은 식탁을 노리는 원수에 대한 최상의 방어책이다. 우리는 마귀를 응시하던 것을 그치고 하나님께 시선을 고정해야 한다. 물론 원수의 책략을 파악하고 저지하는 방법을 익히는 일도 필요하다. 하지만 더 중요한 전략은 수동적 방어에서 적극적 공세로 전환하는 것이다. 우리가 전심으로 하나님 얼굴을 구하고 찾을 때 시 27:8 위대한 일이 일어난다. 주님의 선하심을 깊이 맛보아 알려는 열망을 키워갈 때, 우리 삶 속에 놀라운 일들이 넘쳐난다 시 34:8.

C. S. 루이스가 지적했듯이, 많은 사람은 세상적인 것에 대한 욕망을 줄이는 데 집중하지만 "주님은 오히려 우리의 갈망이 너무 약하다고 여기실 것입니다. 우리는 무한한 기쁨이 눈앞에 주어지는데도 그저 술과 섹스, 야망에 집착하는 어리석은 피조물일 뿐입니다. 이는 마치 어떤 아이에게 멋진 해변의 휴가를 즐기자고 초대할 때, 그 일의 진가를 알지 못한 채로 어두운 뒷골목에서 흙장난에만 몰두하는 것과 같습니다. 우리는 너무 쉽게 만족해버리는 경향이 있습니다."[6]

대학 시절, 나는 한 친구와 함께 6주에 걸쳐 미국 곳곳의 국립공원들을 돌면서 여행한 적이 있었다. 전능하신 하나님을 깊이 알아가는 특별한 초대의 시간이었다. 특히 나는 시애틀 인근의 캐스케이드 산맥에 있는 레이니어산을 보고 싶었다. 조지아 주립대 지리 수업 시간에 빙하로 뒤덮인 그곳 화산을 공부했기 때문이다. 시험에서 만점을 받았기에 나는 그 산에 관해 많이 알고 있다고 생각했다. 적어도 그때까지는.

친구와 나는 차로 접근 가능한 가장 높은 지점까지 올라갔다. 우리가 선 곳은 해발 1,500미터 정도였으며, 이제 수업에서 배운 내용을 친구에게 자세히 알려줘야겠다고 생각했다. 하지만 차에서 내려 주위를 둘러보는 순간, 나는 감정이 북받쳐서 눈물을 쏟을 수밖에 없었다. 결국, 말을 잇지 못했다. 산은 비현실적으로 거대하고 웅장하며 찬란했다. 나는 압도되었고, 눈부시게 아름다운 모습 앞에서 할 말을 잃었다.

다음 날 저녁, 우리는 오리건주의 쿠스 베이에서 캠핑을 했다. 나는 텐트 안에 누워 천장을 바라보면서 하나님과 대화를 나누었다. 그때 이렇게 물었다. "어제 레이니어산에서 느낀 제 감정의 의미는 무엇일까요?" 그러자 하나님이 마음속에 이런 응답을 주셨다. "루이야, 어제 너는 큰 교훈을 얻었다. 어떤 일에 대해 지식을 습득하는 것과 그 일을 실제로 체

---

6 C. S. Lewis, *The Weight of Glory* (San Francisco: HarperCollins, 2001), 25–26.

험하는 것 사이의 차이. 너는 정보를 손에 쥔 채 산에 왔다가, 어제는 계시를 엿봤던 것이란다."

그날 밤, 하나님은 내 삶에 선택지가 있음을 보여주셨다. 나는 하나님에 관해 약간의 지식을 얻는 데 그치지 않고, 그분을 인격적으로 깊이 알아가라는 부르심과 초대를 받들 수 있었다. 내게는 이미 그분에 관한 여러 지식이 있었지만, 레이니어산 체험은 모든 일을 바꾸어놓았다. 이제는 하나님에 관해 약간의 정보를 얻는 데서 벗어나, 그분 자신을 친밀히 알아가야 했다. 그 초대는 당신에게도 열려 있다.

하나님 자신을 알아가는 일

이 일은 어떻게 이루어질까? 전능하신 하나님을 어떻게 알아갈 수 있을까? 우리는 하나님 말씀인 성경과 예수 그리스도의 인격을 통해 그분께로 나아온다. 예수님은 "나를 본 자는 아버지를 보았[다]"요 14:9라고 말씀하셨다. 그리고 우리를 진리로 이끄시는 성령의 사역을 통해 하나님을 알아가며요 14:26, 이 일은 그분의 속성들을 하나씩 깨달아갈 때도 이루어진다. A. W. 토저에 따르면, "하나님의 속성은 곧 그분 자신에 관해 참되다고 계시하신 내용들이다."[7]

이 하나님의 속성들은 결코 소진되지 않는다. 그분은 무한하시기 때문이다. 쉬운 예로, '하나님은 사랑이시다'라는 것을 들 수 있다. 이 진리는 성경 전체에 담겨 있으며, 특히 요한일서에서 뚜렷이 드러난다. 하나님은 그저 이 우주를 관장하는 모호한 에너지나 힘 같은 존재가 아니다. 그분은 인격적인 하나님이시며, 고유한 의지와 감정을 갖고 계신다. 그 의지와 감정의 원천은 그분의 무한한 사랑이다. "하나님이 세상을 이처럼 사랑하사 독생자를 주셨으니" 요 3:16. "우리가 아직 죄인 되었을 때에 그리스도께서 우리를 위하여 죽으심으로 하나님께서 우리에 대한 자기의 사랑을 확증하셨느니라" 롬 5:8. 하나님 사랑을 살피고 묵상할 때, 그것이 그분의 가장 특별한 속성임이 드러난다. 이때 우리는 하나님의 마음이 사랑 그 자체임을 깨닫고, 인간을 향한 그분의 깊은 사랑을 알게 된다. 이처럼 그분이 사랑의 하나님이심을 깨달을 때, 우리는 그분의 참모습을 알아가게 된다.

이렇게 생각해보자. '축구를 아느냐'라고 묻는다면, 당신은 그렇다고 답할 것이다. 그것은 전 세계적인 스포츠이기에 누구나 축구를 안다. 하지만 축구 시합에서 몇 명이 뛰는지 아느냐고 물으면 어떨까? 대체로 많은 이들이 한 팀당 11명이라고 알고 있다. 여기서 애틀랜타 프로 축구팀 이름을 아느냐고 묻는다면 어떨까? 답을 아는 수가 더 줄겠지만, 스포츠

---

7 A. W. Tozer, *Knowledge of the Holy*, repr. ed. (New York: HarperOne, 2009), 13.

에 관심이 있는 미국인이라면 대개 애틀랜타 유나이티드 팀에 관해 들어보았을 것이다. 그런데 그 팀이 MLS 우승을 차지한 마지막 해가 언제인지 묻는다면 어떨까? 여기서 정답자의 수는 더 줄어든다. 당신은 혹시 유나이티드가 마지막으로 우승한 2018년에 팀의 최다 득점자가 누구였는지 기억하는가? 그 선수가 '베네수엘라의 돌풍'으로 불린 호세 마르티네스였음을 아는가?

자, 이쯤 되어도 우리가 축구를 안다고 할 수 있을까?

내 말은 어떤 일을 아는 데에 '정도의 차이'가 있다는 것이다. 어떤 이들은 그저 집에서 몇 번 축구 중계를 보았을 수 있다. 어떤 이들은 응원하는 구단의 홈경기뿐 아니라 원정경기까지 일일이 찾아가 관람하곤 한다. 그들은 소속 선수들의 이름과 등 번호를 전부 꿰뚫고 있다. 이처럼 무언가를 아는 데에는 다양한 방식과 수준이 있다.

물론 하나님은 영이시며 인격적인 분이시기에, 이 예시가 다 들어맞지는 않는다. 그분을 알아가는 일은 잔디 깎는 기계를 분해하는 것과는 다르다.

이 일을 인간관계에 대입해, 우리가 어떤 사람을 알아가는 경우를 생각해보자. 사귄 지 이틀 된 커플에게 서로에 대해 무엇을 알고 사랑하는지 묻는다면, 여성은 이렇게 답할지도 모른다. "음, … 제 남자친구는 키가 크고 다정해요. 그리고 … 재밌어요." 물론 이 지식이 옳을 수는 있다. 하지만 그것이 그 사람에 대해 알 수 있는 전부는 아니다.

이제 20년간 행복하게 살아온 부부를 만나 서로에 대해 무엇을 알고 사랑하는지 물어보자. 위의 것과는 상당히 다른 이야기를 들려줄 것이다. 그 이야기는 서너 시간에 걸쳐 이어질 수도 있다. 아내는 이렇게 말할 것이다.

"남편이 아이들을 자상하게 돌보는 모습이나 조깅을 마치고 집에 돌아왔을 때의 모습, 처가 식구들을 인내심 있게 대하며 만나는 이들에게 친절을 베푸는 모습, 재치 있게 말하고, 제가 정서적으로 힘들 때도 차분히 지지하는 모습, 가정을 책임지려고 노력하는 모습, 저와 다툰 뒤에도 집을 나가버리지 않는 모습, 함께 신앙에 관해 이야기했던 모습들이 떠오르네요. 제가 이 사람을 사랑하는 이유는 그의 이력이 화려하거나 그가 어떤 사람인지를 몇 마디로 간단히 설명할 수 있어서가 아니에요. 지난 20년에 걸쳐, 매일 친밀하게 알아왔기 때문이지요. 저는 남편의 기질과 습관을 알고, 그이의 성품과 사고방식, 행실과 관심사를 다 헤아리고 있답니다. 그이의 속마음을 알지요."

하나님을 알아갈 때, 그분은 우리가 표면적인 지식에 안주하지 않기를 바라신다. 하나님은 우리가 그분과 인격적으로 소통하며, 그분의 은혜와 사랑, 자비와 광대하심, 순결과 거룩하심, 전능하심을 날마다 더 깊이 알아가도록 부르신다. 그 과정에서 우리는 하나님이 친히 우리를 도우시며 돌보심을 알게 된다. 그분은 우리의 모든 필요를 채우시고 공급하시며, 우리를 결코 저버리지 않으신다. 하나님은 모든 일이 합력해서 선을 이루게 하시는 분이다. 그분은 지혜와 경륜이 깊고 풍성하시며, 언제나 한결같으시다. 하나님은 모든 곳에 계시면서도, 우리 각 사람을 개별적으로 깊이 사랑하신다. 그분은 공의가 충만하신 동시에 인자하고 은혜가 많으시다. 하나님은 실로 아름답고 강하며 영화로운 분이다.

하나님은 우리가 그분을 알아가기를 바라신다. 하나님을 향한 갈망과 열심을 간직할 때, 우리는 그분을 더 깊이 알아갈 수 있다.

하나님의 임재가 우리 삶을 어떻게 바꿀까

이제 하나님의 두 가지 속성을 살펴보자. 이 속성이 하나님의 전부는 아니지만, 하나님에 대해 더 알고 싶은 욕구를 자극할 것이다. 이렇게 선한 목자를 알아가면 원수를 식탁에 앉히는 일을 피하는 데 도움이 된다.

첫째, 하나님은 거룩하시다. 그리고 둘째, 그분은 영광이 충만하시다. 이 두 속성은 하나님에 관한 진리의 그물망 안에서 일종의 이웃 관계를 형성한다. 이 두 진리는 서로 긴밀히 연관된 상태로 성경과 예수 그리스도의 인격 속에서 제시된다.

하나님이 거룩하시다는 말은 어떤 뜻이며, 우리에게 그 말이 중요한 이유는 무엇일까? 우리는 왜 그분의 거룩하심을 깊이 알아가야 하는가? 하나님의 영광에 관해서도 이렇게 질문할 수 있다. 우리는 온 우주에서 그분의 영광이 드러나는 모습을 본다. 하지만 그 영광을 깊이 알아가는 일이 과연 우리 삶에 어떤 차이를 가져올까?

앞에서 살폈던 이사야 6장 내용을 기억해보자. 본문에서 이사야는 하늘에 계신 하나님의 환상을 보았으며, 자신이 비참한 죄인임을 고백하고 그분의 자비를 입었다. 그의 죄책은 천사들의 손에 들린 불타는 숯으로 제거되었다. 여기서 이 본문을 더 자세히 살피겠다.

하나님은 이사야에게 그분에 관한 지식을 주시는 데 그치지 않고, 그분 자신을 알게 하셨다. 본문에서 하나님은 장엄한 보좌에 앉으신 분으로 묘사된다. 그분은 실로 높고 존귀하시며, 그 옷자락이 성전을 가득 채운다. '스랍'이라 불리는 여섯 날개 달린 천사들이 그분 주위를 날고 있다. 그 날개로 자신들의 얼굴과 발을 가린 채, 그들은 큰 소리로 외친다. "거룩하다 거룩하다 거룩하다 만군의 여호와여 그의 영광이 온 땅에 충만하도다"사 6:3.

이 본문은 하나님의 인격적인 임재를 우리 앞에 보여준다. 에스겔서와 계시록에서도 비슷한 모습을 엿볼 수 있다. 이런 모습들은 천상의 실재를 살짝 엿보게 하며, 이 놀라운 영적 존재들도 하나님을 바라볼 수조차 없을 정도로 경외심을 보인다. 그들은 하나님께 경의를 표현하기 위해 자신의 발을 가린다. 천사들이 노래하는 그분의 속성은 무엇인가?

그들은 이렇게 외치지 않는다. "강하시다, 강하시다, 강하시다." 이런 찬송도 아니다. "신실하시다, 신실하시다, 신실하시다." 이렇게 부르지도 않는다. "초월하신다, 초월하신다, 초월하신다." 이런 선포도 아니다. "불변하시다, 불변하시다, 불변하시다."

물론 하나님의 속성은 이것을 모두 포함하지만, 천사들은 다른 것에 초점을 맞춘다. 그들은 장황한 말을 늘어놓으면서 신학 개념을 토론하거나, 영감을 주는 성구를 찾으려고 성경 소프트웨어를 검색하지도 않는다.

그들의 마음은 온통 하나님의 거룩하심에 집중되어 있다. 그렇기에 천사들은 "거룩하다, 거룩하다, 거룩하다" 하며 외친다. '거룩함'이란 무엇일까? 천사들은 우리에게 하나님의 완전성과 순결하심, 죄 없으심을 보여준다. 하지만 이런 단어들도 거룩함의 의미를 다 드러내지는 못한다.

'거룩'holy이라는 단어 자체는 히브리어 '카다쉬'qadash에서 유래했다. 이 '카다쉬'는 서로 긴밀히 연관되는 두 개념인 '신성함'sacred과 '구별됨'set apart을 전달한다.[8] 따라서 굳이 천사들의 외침을 풀이하자면 "당신은 신성하고 구별되십니다! 당신은 신성하고 구별되십니다! 당신은 신성하고 구별되십니다!"라는 뜻이 담겨 있다.

이 '구별됨'은 하나님이 독보적인 위치에 계심을 뜻한다. 그분은 자신만의 경기장에 계시며, 그분과 견줄 자는 아무도 없다. 우리는 이렇게 고백해야 한다. "주님을 제 마음의 으뜸으로 모시기를 원합니다." 하나님은 두 번째나 세 번째, 네 번째 자리로 밀려나실 분이 아니다. 그분은 늘 으뜸가는 승리자이시며, 실로 독특하게 그 자리에 계신다. 하나님은 다른 누구와도 경쟁하지 않으시며, 라이벌을 간신히 따돌리시는 법도 없다. 하나님은 거룩하고 신성하며 홀로 구별되시는 분이다. 출애굽기 15장에는 이스라엘 백성이 애굽에서 건짐을 받은 뒤에 부른 첫 찬양이 담겨 있다. 11절에서 우리는 이런 가사를 접한다. "주와 같이 거룩함으로 영광스러우며 찬송할 만한 위엄이 있으며 기이한 일을 행하는 자가 누구니이까?" 우리 하나님은 이런 분이다.

그러면 하나님의 영광은 무엇일까? 우리는 '영광'을 떠올리면 세상의 온갖 명성과 평판을 누리며 잡지 표지를 장식하는 일과 비슷하다고 여긴다. 하지만 그런 것은 얄팍하고 허황된 겉치레일 뿐이다. 그분의 영광은 그런 것과 전혀 다르다. 영광은 일시적이고 덧없는 것이 아니며, 뉴스 속보

---

8   James Strong, *Strong's Exhaustive Concordance of the Bible* (Nashville: Thomas Nelson, 2009), 6942.

로 언급되지도 않는다. '영광'을 나타내는 히브리어는 '카보드'*kabod*인데, 이 단어도 '무게'와 '가치'라는 두 개념을 전달한다.9 하나님은 헤아릴 수 없는 무게와 가치를 소유하신 분이다. 그분은 지극히 광대하시며, 무한하고 찬란한 광채 가운데 거하신다. 이것이 하나님의 영광이다.

히브리어에서 어떤 단어나 최상급이 두 번 반복될 때, 기본적으로 두 배 강조된다. 성경에서 세 번 반복이 나타나는 구절은 매우 드문데, 이사야서 6장이 그 흔치 않은 사례다. 우리는 이 본문의 의미를 이렇게 이해할 수 있다. "하나님, 당신은 신성하며 홀로 구별되시는 분입니다. 당신의 무게와 가치는 이루 다 헤아릴 수 없습니다. 한 번의 고백만으로는 부족합니다. 당신은 진실로 거룩하고 거룩하며 거룩하십니다!"

높은 산에 오르다

하나님을 더 깊이 알아가기로 선택하는 일은 이제 우리 몫이다. 예수님 덕분에, 그 일을 가로막는 장벽이 다 사라졌다. 인류가 늘 이런 혜택을 누렸던 것은 아니다. 구약 시대에는 분명한 한계가 있었다. 당시 이스라엘 백성은 하나님과 그

---

9 Strong, 3519.

들 사이에 있는 죄의 벽이 언젠가 구세주의 사역을 통해 무너질 때를 내다보며 계속 믿음으로 살아가야 했다.

예수님은 우리가 하나님 앞에 나아가며 그분을 자유로이 알아갈 수 있게 길을 열어주셨다. 바울은 고린도후서 3장에서 이 진리를 자세히 서술한다. 과거에는 하나님 말씀과 교훈이 십계명의 돌 판에 기록되어 있었지만, 이제 그 말씀이 우리 마음 판에 새겨졌다. 나아가 그는 이렇게 선언한다. "우리가 이같은 소망이 있으므로 담대히 말하노니 우리는 모세가 이스라엘 자손들에게 장차 없어질 것의 결국을 주목하지 못하게 하려고 수건을 그 얼굴에 쓴 것같이 아니하노라" 3:12-13. 이제 우리는 모두 얼굴을 드러낸 채로 주님의 영광을 바라보며, 그분의 형상으로 조금씩 변화되어 간다. 예수님의 십자가와 성령의 사역은 우리에게 참 자유를 가져다주었다. 그러면 이 자유의 본질은 무엇일까? 그것은 하나님 임재 앞에 담대히 나아가며, 그분의 산에 마음껏 높이 오르는 데 있다.

그리스도께서 우리를 위해 이루신 일이 그것이다. 천사들은 그분의 탄생을 알리면서 이렇게 찬송했다. "지극히 높은 곳에서는 하나님께 영광이요" 눅 2:14. 가장 큰 무게와 가치를 지니신 하나님이 그리스도 안에서 이 땅에 임하셨다는 사실은 오늘날 우리에게 놀라운 진리로 다가온다. 예수님은 우리가 거룩하신 하나님 앞에 나아갈 길을 여셨다. 그분이 십자가에서 숨을 거두실 때 "성소 휘장이 위로부터 아래까지 찢어져

둘이 되〔었다〕"마 27:51. 예수님 덕분에, 더 이상 하나님과 인간이 분리될 필요가 없다. 우리는 그분 안에서 아버지 하나님께 자유로이 나아갈 수 있다. 히브리서는 이 진리를 분명히 가르친다. "우리가 예수의 피를 힘입어 성소에 들어갈 담력을 얻었나니 그 길은 우리를 위하여 휘장 가운데로 열어놓으신 새로운 살길이요 휘장은 곧 그의 육체니라"10:19-20.

하나님은 우리를 그분의 산으로 초청해 끝까지 올라가라고 하시지만, 우리는 그 밑바닥에서 먼지 한 줌 정도의 이해로도 만족한 채 서 있기 쉽다. 하지만 하나님은 더 높이, 마침내 정상까지 도달하도록 우리를 부르신다. 그 말씀을 좇아 산에 오를 때, 우리는 하나님의 무한하신 능력과 사랑, 위엄과 아름다움을 점점 더 깊이 깨닫게 된다. 오래전 아우구스티누스는 이렇게 고백했다. "우리는 당신을 위해 지음받았습니다. 그렇기에 당신 안에 거하기 전까지는 참된 안식을 누릴 수 없습니다."10

원수를 식탁에서 밀어내는 법을 알고 싶은가? 하나님의 산에 올라 그분의 장엄한 무게와 가치를 느껴보라. 그러면 당신의 삶이 바뀔 것이다. 성경은 우리가 예배하는 존재를 닮아간다는 것을 분명히 말씀한다시 115:8. 전능하신 주님을 바라볼 때, 우리는 영혼을 매혹하게 하시는 그분의 형상으로 조금씩 변화되며 마침내 그분의 영광을 드러내게 된다.

원수들 한복판에 식탁을 두신 이유

"그들이 주를 앙망하고 광채를 내었으니." 앞서 살폈던 시편 34편 5절 진리를 기억하는가? 예수님께 시선을 고정할 때 우리 얼굴빛이 달라진다. 눈에서 희망이 빛나기 시작하며, 침울했던 표정이 환한 미소로 바뀐다.

보이는가? 지금 당신은 치열한 갈등과 시련 속에서 왕이신 하나님의 식탁에 앉아 있으며, 당신의 원수들이 주위에 둘러 있다. 하나님이 그들을 이끄셔서 우리 삶이 잘 보이는 곳에 앉히셨기 때문이다. 그들 눈에는 무엇이 보일까? 당신이 심한 압박감에 눌린 채 자신들을 노려보는 모습을 보게 될까? 아니다. 당신의 얼굴이 하나님의 영광을 반사하면서 환히 빛나는 모습을 보게 될 것이다.

와우! 여기서 문제의 핵심에 도달한다.

하나님이 원수들의 한복판에 우리 식탁을 두신 이유는 무엇일까?

이는 우리가 속한 이야기의 목적이 그분의 위대하심을 드러내는 데 있기 때문이다. 우리는 선한 목자이신 주님의 인도 아래 유익을 누리며, 그분은 가장 위대한 목자로서 큰 영

---

10 Augustine, *Confessions*, trans. F. J. Sheed, 2nd ed. (Indianapolis: Hackett, 2006), 1.1.1.

광을 얻으신다. 하나님의 영광은 무엇보다 중요하다. 그분이 얼마나 위대하고 선하며 은혜로우신지를 사람들이 미처 알지 못한다면, 가치가 덜한 다른 대상을 섬기고 따르게 되는 게 당연하지 않겠는가? 사람들이 우리에게서 그분을 보지 못한다면, 그분이 다른 모든 것보다 낫다는 것을 그들이 어떻게 알 수 있을까?

몇 년 전, 그리스도인이라는 이유만으로 리비아의 지중해 연안 지역에서 대낮에 처형당한 21명의 순교자가 생각난다.[11] 납치범들은 뻔뻔하고 무자비하게 그들의 목숨을 앗아갔다. 하지만 죽음 앞에서도 전능하신 분께 경배하던 그들의 환한 얼굴빛이 주위에 어떤 영향을 끼쳤는지는 오직 영원의 세계에 가서야 온전히 드러날 것이다. 당시 납치범들은 깊은 의구심에 빠졌을 것이 분명하다. '눈앞에 칼을 들이대는데도 천국을 노래하는 이자들은 대체 뭐지?'

하나님이 원수들 한가운데 식탁을 차려주신 이유는 온갖 시련과 역경 속에서도 우리에게 베푸시는 은혜가 진실로 충분함을 알게 하시기 위함이다. 하나님은 삶의 깊은 어둠 속에서 우리를 붙드시며, 이를 통해 원수들 앞에 우리의 환한 모

---

11   David D. Kirkpatrick and Rukmini Callimachi, "Islamic State Video Shows Beheadings of Egyptian Christians in Libya," New York Times, February 15, 2015, https://www.nytimes.com/2015/02/16/world/middleeast/islamic-state-video-beheadings-of-21-egyptian-christians.html.

습을 드러내신다. 그리하여 마침내 그들도 우리를 바라보는 데서 우리 얼굴을 빛나게 만드시는 그분께 시선을 돌린다 롬 14:11; 빌 2:10-11.

끝으로, 하나님이 그곳에 식탁을 차려주신 이유는 원수들이 우리의 찬송 소리를 듣게 하려 하심이다. 시선을 예수님께 둘 때, 우리는 그분께 방해받지 않는 온전한 예배를 드리게 된다. 그리고 이 예배는 원수에 대항하는 강력한 무기가 된다. 우리가 다음과 같이 선포하며 싸움을 이어갈 때 하나님이 높임을 받으시고 우리의 속박이 깨어진다. "지금 제가 원수들에게 포위된 듯이 보일지라도, 실상은 주께서 저를 둘러싸고 계심을 믿습니다." 이전의 얕은 지식을 내려놓고 하나님 임재를 깊고 풍성하게 누리는 길로 나아갈 때 모든 상황이 달라진다.

이제 원수는 새로워진 하나님과 당신의 교제 가운데로 침투하지 못한다. 마음의 싸움에서 이기는 법은 무엇일까? 그리스도께 우리 마음을 집중해야 한다. 그 길밖에 없다. 그때 원수는 결코 당신의 식탁에 앉을 수 없다.

10

주님이 친히
잔치가 되신다

셸리와 나는 런던이를 애견 공원에 자주 데려간다. 녀석은 그곳에서 다른 개들과 함께 뛰놀면서 멋진 하루를 보내는데, 우리 부부에게도 좋은 시간이다.

하지만 공원에서 즐겁고 재미난 일만 있지는 않다. 그곳에는 여러 건물 아래로 연결되는 배수관이 있다. 런던이는 그 배수관 속으로 돌진하는 것을 좋아하는데, 매우 걱정스러운 일이다. 파이프 지름은 60센티미터 정도이며, 녀석은 바깥에서 보이는 곳보다 더 깊이 들어가곤 한다. 그 속에 무엇이 있는지 전혀 모르기에, 우리는 그 배수관에 들어가면 안 된다는 것을 단단히 일러주었다.

런던이가 늘 그 배수관 속에 뛰어들지는 않는다. 대개는 공원에서 여느 때처럼 우리 부부와 즐거운 시간을 보낸다. 하지만 어떤 날은 애견 공원에 도착해서 차에서 내리면, 녀석의 마음이 치열한 내적 싸움에 돌입하는 것을 볼 수 있다. 런던

이의 생각을 정확히 알 수는 없지만, 이런 것이 아닐까 싶다. '흠, 엄마 아빠는 저 파이프 속에 들어가지 말라고 하셨지. 저기 들어갔다가 흙투성이가 되어 나오면 몹시 싫어하실 거야. 저 안에는 내 코를 갑자기 물어뜯을 무언가가 숨어 있을지도 몰라. 가면 안 된다는 걸 알지만…. 이건 너무 짜릿한 모험이야. 한 번만 해보자. 엄마 아빠를 지켜보다가 딴 데 볼 때를 노리자.'

이윽고 우리가 시선을 돌리면, 런던이는 곧장 달리기 시작한다. 녀석은 쏜살같이 언덕 너머로 위험한 곳을 향해 돌진한다. 녀석의 마음은 오직 그 배수관에 쏠려 있으며, 그 생각을 도저히 떨쳐버리지 못한다.

당신도 이런 상황에 처한 적이 있는가? 여전히 어떤 해로운 생각이나 태도에 사로잡혀 있을지 모른다. 그릇된 자아 정체성에 눌려 있거나, 끈질긴 유혹에 시달리는 중일 수 있다. 혹은 하나님이 원하시는 길을 알지만, 나를 더 힘들게 할 게 분명한 길에서 쉽게 떠나지 못할 수도 있다.

분명한 사실은 참된 삶의 승리를 거두려면 마음의 전투에서 승리해야 한다는 것이다. 하나님은 우리가 예수님의 이름으로 성령님의 능력을 통해 마음을 다스리기를 바라신다. 우리 생각을 잡을 때, 삶은 더 바람직하게 변화되어 가기 때문이다. 그것이 이 책 전체의 요점이다. 하나님이 우리 삶의 이야기 속에 함께 계시기에, 우리는 결국 그분의 승리에 동참

한다. 물론 그 여정에서, 우리는 자칫 곁길로 빠지고 덫에 걸리거나 원수에게 자리를 내주기도 한다. 하지만 그 문제들을 다 떨치고 일어설 수 있다.

로마서 8장 6절은 원수를 식탁에 앉히지 않는 방법을 탁월하게 요약한다. 한 번역본 NASB은 이 구절을 이렇게 옮긴다. "육신의 사고방식은 죽음이지만, 성령의 사고방식은 생명과 평안이니라" For the mind set on the flesh is death, but the mind set on the Spirit is life and peace. 나는 이 표현법을 좋아한다. 다른 역본들은 '통제되는'이나 '지배하는' 등의 단어를 쓰는데, 예를 들어 이런 경우이다. "육신이 지배하는 마음은 죽음에 이르지만, 성령이 지배하는 마음은 생명과 평안에 이르느니라." 그러나 나는 '성령의 사고방식' mindset on the Spirit이라는 이미지를 더 선호한다. 이제 우리는 하나님의 인도 아래 새로운 사고방식을 따를 수 있기 때문이다. 자기 삶과 정체성을 이전과 다른 방식으로 이해하고 분별하며 살아가는 것이다.

그러면 우리는 어떻게 성령님이 원하시는 사고방식을 채택할 수 있을까?

생명으로 인도하는 사고방식

우리에게는 생명으로 인도하는 사고방식이 꼭 필요하다.

당신의 생각이 달라질 수 있고, 삶이 달라질 수 있는 것은 당신의 마음이 그리스도께 맞춰져 있기 때문이다. 하나님은 당신과 함께하신다. 그분은 당신 편이다. 그분은 그리스도 안에서 승리의 전초 기지를 이미 마련해두셨다. 그리고 나머지는 우리 자신의 몫이다.

이 진리를 실생활에 어떻게 적용할 수 있을까? 식탁에 원수를 앉히지 않으려면, 마음의 싸움에서 승리해야 한다. 이는 낡고 해로운 생각들을 떨쳐내고 새롭고 생명력이 충만한 생각을 따른다는 의미다. 이런 생각의 변화는 결국 우리 행실을 달라지게 한다. 이 승리는 우리 마음에서 시작되며, 마음에서 승리하는 가장 큰 방법 중 하나는 마귀나 피하려고 하는 악에 대해 점점 덜 생각하고, 하나님과 포용하고자 하는 진리에 대해서는 더 많이 생각하는 데 있다. 여기서 활용할 수 있는 강력한 방편 중 하나는 성경 암송이다.

당신의 마음이 하나의 정원이라고 상상해보자. 다양한 원인 아래서 낯선 씨앗들이 정원에 떨어진다. 바람이나 새들도 영향을 미친다. 하지만 그곳의 식물들을 관리할 책임은 정원사인 당신에게 있다. 아름답고 유익한 화초에 물을 주고 돌보는 한편, 원치 않게 자라난 잡초들을 솎아내야 한다.

그 일을 어떻게 감당할 수 있을까? 로마서 12장 2절은 이렇게 말씀한다. "너희는 이 세대를 본받지 말고 오직 마음을 새롭게 함으로 변화를 받아 하나님의 선하시고 기뻐하시고 온전하신 뜻이 무엇인지 분별하도록 하라." 결국, 우리가 보살피고 가꾸는 것들이 자라나게 되어 있다. 누구든지 뿌린 대로 거두기 마련이다.

마음을 새롭게 하려면, 늘 성경을 생각하고 숙고해야 한다. 우리는 자기 생각을 다스릴 수 있다. 좋은 씨앗, 곧 하나님께 속한 생각들을 계속 마음에 심어야 한다. 마침내 이 생각들이 뿌리를 내리고 자랄 때, 원수가 우리 안에 심으려고 애쓰는 파괴적인 생각의 잡초들이 제거된다.

작은 일부터 시작할 것을 권한다. 우리 생각을 하나님 생각에 맞추어 나가는 것은 하나의 긴 여정이다. 그러니 한 번에 한 걸음씩 나아가기 바란다. 매일 다음의 생각 중 하나에 집중하면서 성경 본문을 암송해보라. 한 주가 끝날 때쯤, 당신은 마음의 정원을 가꾸는 데 상당한 진전을 보게 될 것이다. 아니면 매주 하나의 생각과 본문을 택해 묵상할 수도 있다. 어느 쪽이든, 지금 바로 이 일곱 가지 생각을 마음속에 심고 가꾸기 시작하라. 이 진술을 나만의 것으로 만들고, 성경 구절을 계속 암송하길 바란다.

이제 하나님이 주신 일곱 가지 씨앗을 살펴보자. 마음과 생각 속에 이 진리들을 심는 일이 벅차 보인다고 해도, 여기서 이 책을 덮어버리지는 말라. 당신은 할 수 있다. 시간이 걸리겠지만 마음을 바꾸면 인생을 바꿀 수 있다.

1. 나는 하나님의 이야기 안에 있다

우리 이야기는 하나님께 속한 광대한 이야기의 일부다. 그분의 이야기는 우리 삶에서 드러나는 것보다 무한히 더 넓고 크다. 결국, 그 이야기는 우리 자신에 관한 것이 아니다. 우리는 하나님의 크신 영광과 은혜를 드러내는 이야기 속으로 부르심을 받았다. 그 이야기는 온전히 하나님께 속했으며, 우리는 그분의 식탁에 초대되었다.

하나님은 우리가 어머니의 태 속에서 형성되기 전부터 우리를 알고 계셨다. 선한 목자 예수님이 우리 삶을 인도하시며, 그분을 기뻐하는 이들의 발걸음을 굳게 붙드신다 시 37:23.

이제 다음 구절을 암송하면서 마음속에 이 생각을 심어 보라. "여호와의 말씀이니라 너희를 향한 나의 생각을 내가 아나니 평안이요 재앙이 아니니라 너희에게 미래와 희망을 주는 것이니라" 렘 29:11.

하나님은 우리를 소중히 여기신다. 우리 삶의 궁극적인 의미는 세상의 주목을 받을 때 오는 것이 아니다. 우리를 그분의 무궁한 이야기 속으로 초대하시는 하나님을 위해 살아갈 때, 우리 삶은 비로소 온전한 의미를 얻는다.

2. 나는 지극히 경이롭게 지음받았다

우리는 우주의 우연한 작용으로 태어난 존재가 아니다. 하나님이 친히 우리를 경이롭게 창조하셨다. 그분은 우리를 죄에서 구속하셨으며, 각자의 이름을 아신다 사 43:1.

시편을 암송하면서 마음속에 이 생각을 심어보라. "주께서 내 내장을 지으시며 나의 모태에서 나를 만드셨나이다 내가 주께 감사하옴은 나를 지으심이 심히 기묘하심이라 주께서 하시는 일이 기이함을 내 영혼이 잘 아나이다" 시 139:13-14.

우리는 창조주가 아니라 그분께 지음받은 존재다. 사람들이 어떻게 생각하든 간에, 하나님이 우리의 형상대로 만들어진 것이 아니다. 우리가 그분의 형상으로 빚어졌다. 하나님은 자신의 우주 안에 우리를 두기로 결정하셨으며, 우리 존재를 구상하고 실제로 창조하셨다. 우리는 그저 우연하거나 부수적인 존재가 아니다. 우리는 그분을 닮은 거룩한 존재로 지음받았다.

매일 마음속에 이 생각의 씨앗을 심으라. 당신은 조금씩 자신과 주위 사람들에게 시원한 그늘을 제공하는 참나무 같은 존재가 되어 갈 것이다. 그리하여 마침내 하나님 말씀대로 독특하고 소중한 존재임을 인정하고 받아들이게 된다.

3. 내 삶에는 목적이 있다

당신은 고귀한 목적을 위해 태어났다. 하나님은 우리 삶에 선한 계획을 갖고 계시며, 그분의 뜻을 위해 살도록 우리를 부르신다.

이제 다음 구절을 암송하면서 마음속에 이 생각을 심어

보라. "우리는 그가 만드신 바라 그리스도 예수 안에서 선한 일을 위하여 지으심을 받은 자니 이 일은 하나님이 전에 예비하사 우리로 그 가운데서 행하게 하려 하심이니라"엡 2:10.

하나님이 친히 창조하신 이들에게는 그분만의 목적이 있다. 이 세상에 당신은 단 하나뿐이며, 각자에게는 고유한 부르심과 삶의 이유가 있다. 하나님의 위대한 이야기에서 중요하고 필요한 일을 해야 한다.

당신이 소모품에 불과하다는 거짓말을 믿지 말라. 그렇지 않다. 하나님이 우리를 이 땅에 보내신 목적이 있다. 하나님께 그리고 당신이 섬기도록 부름받은 이들에게, 당신의 삶은 실로 소중하다.

4. 예수님의 십자가는 우리를 향한 하나님의 최종 메시지다

예수님이 십자가에서 성취하신 사역이 우리 삶을 정의한다. 우리는 그 십자가로 죽음에 대해 승리했으며, 그분과 연합해서 새 피조물이 되었다. 당신은 더 이상 하나님과 사람에게 사랑받지 못하는 무가치한 존재가 아니다. 당신은 하나님 형상으로 지음받았으며 그분이 기뻐하시는 자들이다. 이제 그리스도의 사랑을 입기에 합당하게 되었으니, 하나님이 친히 우리에게 존귀한 가치를 부여해주셨다. 우리는 그리스도의 죽으심과 부활을 통해 새롭게 태어났다.

이제 다음 구절을 암송하면서 마음속에 이 생각을 심어

보라. "그런즉 누구든지 그리스도 안에 있으면 새로운 피조물이라. 이전 것은 지나갔으니 보라 새 것이 되었도다" 고후 5:17.

그리스도께서 친히 생명을 주셔서 확증한 진리 외에 무언가를 원수가 당신의 머릿속에 집어넣지 못하게 하라. 당신은 죄를 용서받았고 의로워졌다. 당신은 그리스도 안에서 거룩한 이들이며, 하나님의 가족으로 새롭게 태어나 그분의 선하신 목적과 계획을 받들게 되었다. 죄책이 제거되고, 자유인이 되었다.

5. 나는 왕이신 하나님을 섬기려고 일한다

예수님의 사역은 우리의 일을 변화시킨다. 이제 당신의 일은 그저 하나의 직업이 아니다. 우리는 그 일을 통해, 만왕의 왕이신 예수 그리스도를 섬긴다.

이 진리에 비추어, 날마다 새롭게 되새길 비전 선언문을 소개한다. "나는 어두운 세상의 빛이 되어 사람들을 예수님께로 인도하라는 하나님 나라의 과업을 수행하기 위해 성령님께 파송받았다."

이제 다음 구절을 암송하면서 마음속에 이 생각을 심어 보라. "너희는 택하신 족속이요 왕 같은 제사장들이요 거룩한 나라요 그의 소유가 된 백성이니 이는 너희를 어두운 데서 불러내어 그의 기이한 빛에 들어가게 하신 이의 아름다운 덕을 선포하게 하려 하심이라" 벧전 2:9.

6. 예수님은 만유의 주재이며 나의 주님이시다

우리가 믿는 하나님은 그 무엇보다 크고 높으시며 모든 찬양을 받기에 합당하시다. 하나님은 위대한 왕이시며, 그분의 나라는 영원하다. 아무도 그분의 계획을 흔들 수 없다.

이제 다음 구절을 암송하면서 마음속에 이 생각을 심어 보라. "하나님이 그를 지극히 높여 모든 이름 위에 뛰어난 이름을 주사 하늘에 있는 자들과 땅에 있는 자들과 땅 아래에 있는 자들로 모든 무릎을 예수의 이름에 꿇게 하시고 모든 입으로 예수 그리스도를 주라 시인하여 하나님 아버지께 영광을 돌리게 하셨느니라" 빌 2:9-11.

7. 하나님은 악을 선으로 바꾸신다

우리 삶이 늘 바라는 대로 풀리지는 않는다. 죄로 깨어진 세상에 살고 있기 때문이다. 하지만 어떤 상황도 이 진리의 씨앗들이 우리 마음속에서 자라나는 것을 방해할 수 없다. 어떤 고난과 좌절, 질병이나 이혼, 어둡고 황량한 날들도 이 경건한 생각들이 우리 마음과 삶 속에서 견실한 나무처럼 자라나는 것을 훼방하지 못한다.

이제 다음 구절을 암송하면서 마음속에 이 생각을 심어 보라. "우리가 알거니와 하나님을 사랑하는 자 곧 그의 뜻대로 부르심을 입은 자들에게는 모든 것이 합력하여 선을 이루느니라" 롬 8:28.

여기에서 시작하라. 하나님은 그분 말씀인 성경에서 이 진리들을 보여주셨다. 이제 그 진리들을 마음속에 심고, 그것들이 자라서 마침내 열매를 맺도록 돌보고 가꾸는 일은 우리 몫이다.

이 책의 이미지들은 우리가 그 진리들을 깨닫도록 도와준다. 당신의 마음은 하나의 정원이며, 그곳에 하나님 말씀을 심을 때 인격과 삶이 변화되어 간다. 당신은 선한 목자이신 주님의 식탁에 앉아서 교제하며, 마귀에게 자리를 내주지 않고 온전한 식사를 누릴 수 있다. 그리고 앞서 살폈던 '산'의 이미지는 높으신 주님의 위엄을 드러낸다. 이제 우리는 그 산에 올라 그분을 더 깊이 알아갈 특권을 얻었다. 이 모든 이미지는 우리가 우주의 주인이신 하나님과의 깊고 친밀한 교제로 초대되었음을 보여준다. 두려워하지 말라. 선한 목자이신 예수님이 걸음마다 우리를 인도하신다.

주님이 친히 잔치가 되신다

성경은 예수님이 우리 안에 살아계심을 가르친다. 그렇기에 새 출발이 가능하다. 이때 우리는 정죄에서 해방되어 새 생명을 얻고 하나님 가족의 일원이 되며, 예수님과 늘 교제를 누린다. 우리는 예수님의 십자가 사역으로 죽음에서 건짐

받았으며, 이제 그분께 순종하는 삶을 살아간다. 우리는 성령님의 능력에 의지해 행하며, 그리스도 안에서 그 이름을 위해 살아간다. 우리는 그리스도께 영광을 돌리면서 그분의 백성답게 살아가야 한다. 예수님은 이미 우리에게 새로운 정체성을 주셨다. 이제 우리의 소명은 그분을 세상에 널리 알리는 데 있다.

나는 하나님이 초자연적으로 내 삶에 역사하시기를 소망한다. 마지막 순간에 지나온 여정을 돌아볼 때, 사회에서 흔히 말하는 지극히 판에 박힌 삶을 살았다고 느끼고 싶진 않다. 나는 쉽고 평범한 길을 바라지 않는다. 하나님을 깊고 친밀하게 알아가며, 인간의 관점만으로는 다 설명되지 않는 삶을 살아가고 싶다.

당신도 이런 삶을 살고 싶을 것이다. 가능하다. 이는 성령의 능력에 의존하는 삶이며, 믿음의 발걸음을 내디딜 때 이 여정이 시작된다. 우리는 한 걸음 내딛기도 전에 먼저 하나님의 기적을 경험하려 할 때가 많다. 이런 식이다. "하나님, 큰일을 보여주시면 앞으로 한 발짝 내딛겠습니다. 먼저 그럴듯한 말씀을 주시면 강단에 서겠습니다. 필요한 만큼 돈을 주시면 부르심을 받들겠습니다. 원하는 배우자를 주시면 미지의 세계로 나아가겠습니다."

하지만 예수님의 생명은 우리가 먼저 그분의 뜻대로 말하고 행하며 순종할 때 드러나는 경우가 많다. 믿음으로 발을 내

디딜 때, 삶 속에서 성령님의 능력이 나타난다.

이것이 지금 우리 앞에 주어진 하나님의 부르심이다.

원수를 식탁에 앉히지 말라. 당신은 마음의 싸움에서 승리할 수 있다. 죄와 절망, 어둠에 굴복하지 말고, 모든 생각을 주님께 복종시켜야 한다. 하나님께 속하지 않은 생각들을 예수님의 이름으로 결박하고, 마음속에 선하고 유익한 성경의 가르침을 가득 채우라. 매일 성경을 암송하며 자기 생각의 디제이가 되기 바란다.

하나님이 주시는 생각들이 당신의 마음과 삶 속에 늘 넘쳐나게 하라. 예수님께 순종하는 삶을 살면, 그분이 푸른 초장과 잔잔한 물가로 인도하실 것이다. 때로 사망의 골짜기를 지나더라도 두려워할 필요는 없다. 주님이 우리 영혼을 회복시키시며 전혀 부족함 없게 하시기 때문이다. 때로는 원수들의 한가운데 있는 식탁에 앉기도 하지만, 염려할 것 없다. 주께서 머리에 기름을 붓고 생수를 따라 주시며, 그분의 선하심과 자비로 늘 동행하실 것이다.

지금 선한 목자 예수님이 식탁에 앉아 계신다. 그분은 우리를 초대하셔서 온갖 풍성한 유익을 누리게 하신다. 그것은 그분과 우리 자신을 위한 식사다. 그분이 친히 잔치가 되신다.

감사의 글

모든 책은 자신만의 긴 여정을 거친다. 일종의 마을 공동체가 없었다면 이 책은 그 여정을 끝마치지 못했을 것이다. 셸리와 내가 패션시티교회의 사역 팀에 속하게 된 것은 큰 축복이다. 이들은 전 세계에서 가장 훌륭한 사역 팀 중 하나다. 그리고 하퍼콜린스 크리스천 출판사 HCCP와 W 출판 그룹의 탁월한 협력자들을 만난 것 역시 그러하다.

글쓰기 동료이며 문학상을 수상한 작가 마커스 브라더턴에게 나는 많은 빚을 졌다. 내 이야기가 적절한 짜임새를 갖추도록 돕고 이 책의 메시지에 목소리를 더해준 마커스에게 감사하다. 그는 빼어난 문장력을 갖췄을 뿐 아니라, 성령님이 일깨우시는 하나님 말씀의 진리들로 삶이 변하도록 도울 수 있는 사람이다. 나는 그의 이런 모습을 깊이 존경한다.

이 책은 케빈 마크스와의 동역을 통해 만들어졌다. 그는 패션시티교회의 출판팀장이며, 기독교 출판계의 전설적인 인물이다. 내 사무실 옆방에서 일하는 그는 하퍼콜린스 크리스천 출판사와의 협력 관계를 지혜롭게 잘 조정해왔다. 그리고 프로젝트 매니저인 에밀리 플로이드와 마케팅 매니저인 레이철 리젠투스에게도 감사한다.

마크 쉰월드, 돈 제이콥슨(나의 첫 번째 책을 출판하고 최근에 HCCP에 합류했다), (W 출판팀을 이끄는) 데이먼 라이스 등 하퍼콜린스 크리스천 출판사의 모든 분께 감사드린다. W 출판 그룹의 편집팀과 함께 일한 것은 큰 영광이었으며, 카일 올런드와 메간 포터, 크리스틴 페이지 앤드루스와 카렌 울프, 로라 아스크비히와 앨리슨 카터도 한몫했다.

패션시티교회의 사역 지원팀도 큰 힘이 되었다. 그들은 이 책의 집필과 편집을 돕고 창의적인 조언을 제시하며, 마케팅과 소셜 미디어의 경향을 파악하는 동시에 나를 늘 격려해주었다. 수석 프로젝트 매니저이며 수석 고문인 수 그래디의 도움이 없었더라면, 이 책을 마무리할 수 없었을 것이다. 그리고 내 직속 지원팀에 속한 애나 뮤노즈, 제이크 다헤, 브릿 애덤스와 메이시 밴스에게도 감사한다.

셸리와 나는 패션시티교회의 창작자와 전략가, 예술가 목회자, 건축가들로 구성된 놀라운 공동체의 일원이다. 그들은 이런 책이 전 세계에 전달되는 일을 가능하게 하는 일종의 강력한 생태계를 조성하며 이끌고 있다.

이 책의 표지 그림은 패션시티교회의 디자인 팀장인 레이턴 칭의 작품이며, 온라인 표지를 디자인한 챈들러 손더스와 전체 프로젝트를 관리한 케이틀린 랜돌프에게도 감사한다.

또 패션 리소스 홈페이지를 운영하는 미스티 페이지와 커트니 맥코믹, 저스틴 사이먼에게 감사한다. 그들의 섬김을 통해, 많은 독자가 이 책을 쉽게 구매하게 되었다.

그리고 조 개년과 케빈 스테이시, 제임스 보어에게 감사한다. 이들은 이 메시지를 통해 많은 이들이 감동과 격려를 받게 되리라는 믿음을 품고 우리 사역팀의 스토리텔링과 마케팅 채널을 관리해주었다.

셸리와 나는 독자 여러분께 감사하며, 당신과 함께 하나님을 널리 알릴 기회를 소중히 여긴다.

국제제자훈련원은 건강한 교회를 꿈꾸는 목회의 동반자로서 제자 삼는 사역을 중심으로 성경적 목회 모델을 제시함으로 세계 교회를 섬기는 전문 사역 기관입니다.

원수에게 자리를 내주지 말라

초판 1쇄 인쇄 2023년 10월 7일
초판 1쇄 발행 2023년 10월 20일

지은이 루이 기글리오
옮긴이 송동민

펴낸이 오정현
펴낸곳 국제제자훈련원
등록번호 제2013-000170호(2013년 9월 25일)
주소 서울시 서초구 효령로68길 98(서초동)
전화 02)3489-4300 **팩스** 02)3489-4329
이메일 dmipress@sarang.org

ISBN 978-89-5731-881-2   03230

※ 책값은 뒤표지에 있습니다. 잘못된 책은 구입하신 곳에서 교환해드립니다.